사소한 말부터 바꿔라

사소한 말부터 바꿔라

• 캐서린 블라이스 지음 · 김경숙 옮김 •

The Art of Conversation

중앙books
JoongAng Ilbo

소통의 시대, 우리는 왜 더 외로울까

이런 경험을 한 적이 있는가? 누군가 먼저 말을 꺼내주기만 기다리면서 어색한 미소가 오가는 상황 말이다. 정적이 흐르고 영화 〈사이코〉의 한 장면처럼 포크와 나이프가 달그락거리는 소리만 들린다. 이런 답답한 상황을 겪어본 적이 없다면 참으로 다행스러운 일이다. 그런데 내 경험상 일상 속의 대화 단절은 점점 더 일반화되고 사람들은 그런 현실에 무감각해지고 있다. 전문가들마저도 각종 모임에서 꿀 먹은 벙어리가 되기 일쑤다.

흔히 현대사회를 정보화 시대 혹은 커뮤니케이션 시대라고 한다. 점차 진화하는 통신 수단 덕분에 정보와 창의적 생각, 오락거리가 넘쳐나고 우리는 굉장히 다양하고 새로운 방면에서 더 많은 여가 시간을 누리게 되었다. 그러나 우리 대부분은 그리 행복하지 않다고 느낀다. 오히려 뭔가에 쫓기는 기분으로 살아간다.

우리 삶은 초고속으로 달리는 자동차에서 내다보는 풍경처럼 재빠르게 흘러가고, 대화는 뒷전으로 밀려나고 있다. 삶에서 가장 값지고 유용하며 큰 기쁨을 안겨주는 대화의 시간을 잃어버리고 있지만 이 사실을 안타까워하는 사람은 별로 없는 듯하다. 지난 수천 년간 인간의 가장 오래된 의사소통 방법이 바로 대화였는데도 말이다.

왜 대화가 점점 줄어들까

남녀노소를 막론하고 거리를 활보하는 무수한 사람들이 휴대전화에 대고 마치 미친 사람처럼 뭔가를 외쳐대는 모습은 그야말로 가관이다. 거세게 밀려오는 연예 산업 또한 여기에 한몫한다. 아이들은 차 뒷좌석에 앉아 휴대전화로 영화를 보느라 정신없고 옥외 스크린에서 나오는 각종 연예 뉴스와 지하철역의 영화 광고는 승객들을 유혹한다. 소통의 많은 부분이 신호음, 버저, 깜박이로 작동되는 온갖 전자 장치로 이루어져 있다. 실시간으로 소통할 수 있는 최첨단 정보 기술도 탄생하기에 이르렀다. 의사소통 수단의 발달로 좀 더 긴밀해졌을지는 모르지만 바로 그 때문에 서로 분리되고 있다. 그것이 문제다. 지역을 막론하고 이런 추세는 점점 더 가속화하고 있으며 노트북과 스마트폰, 그리고 휴대전화로 인해 대중과 개인의 분열은 더욱 심화되고 있다.

인터넷에서 이루어지는 대화는 2차원적이다. 외모의 비중이 부쩍

커지면서 사람들의 관계와 그 관계를 구성하는 게 무엇인지에 대한 생각 자체가 재정의되고 있다. 개개인에 대한 주목도가 약해지는 것은 물론이다. 우리는 커피숍 점원의 얼굴은 쳐다보지도 않고 커피를 받아 든다. 쓸데없는 잡담 같은 것은 나눌 생각도 없다. 아이팟을 가지고 노느라 주위 사람을 신경 쓸 겨를이 없다. 결혼식에 참석한 하객들은 혼인 서약이 이루어지는 동안 열심히 문자 메시지를 보내기도 한다. 기술 혁신으로 대화의 기회가 증가하긴 했지만 질적으로도 풍요로워진 것은 아니다.

우리가 대화로부터 점점 멀어지는 이유는 두 가지가 있다. 하나는 대화의 가치를 저평가하는 것이고, 다른 하나는 지나치게 높이 평가해 몸을 사리는 것이다.

마음의 문을 닫는 사람들

⋮

드라마 〈섹스 앤 더 시티〉에서는 이성과의 데이트를 마치 물건 살 때 흥정하는 것처럼 묘사하기도 한다. 그러나 오스카상 수상자 핼리 베리는 이렇게 말했다.

내가 진정으로 알고 싶은 것은 '사람들이 실제로는 어떻게 느낄까' 혹은 '내가 지금 무엇을 하고 있는 걸까' 하는 것이다. 나는 실제 당신이 어떤 사람인지 알고 싶다. 그런 다음에야 우리가 대화를 나눌 수 있지 않을까.

아직도 사회적 유대감을 그리워하는 사람들이 있다. 일반적으로 개인주의가 강한 사회일수록 구성원들이 대인관계에 직접적인 성향을 띤다. 미국인들이 솔직한 표현을 선호하는 이유다. 반면 집단주의 성향이 강한 사회의 구성원들은 우회적인 표현을 선호하는 것으로 알려져 있다. 예를 들어 중국 남부 도시에서는 시골 사람을 비하하는 말로 '라우시老實'라는 표현을 쓰는데, 이 말은 원래 '담백하고 정직하다'는 뜻이라고 한다. 또 누군가에게 찬사를 보낼 때 쓰는 '총밍聰明'은 '교활하고 영악하다'는 의미한다.

왜 그럴까? '상대방을 당황하게 해서는 안 된다'는 내용의 격언에 따라 예의 바르게 행동하려는 마음에서 비롯된 것이다. 행동 분석 전문가 로빈 레이코프는 '공손한 행동' 방식에 깔린 심리를 다음과 같이 설명했다.

- 부담을 주지 않는다 ➡ 적당한 거리 유지 ➡ 형식적
- 선택의 여지를 준다 ➡ 존중과 배려 ➡ 완곡함, 미적지근함
- 친밀하게 대한다 ➡ 동료 의식 ➡ 직접적

이런 이유 때문에 예의를 갖춰야 하는 대화에서는 말하는 사람과 듣는 사람이 의도하고 표현하는 내용에 미묘한 차이가 생긴다. 모든 대화에는 밀고 당기는 대화적 수완이 밑바탕에 깔려 있기 때문

이다. 따라서 지역마다 다른 표현의 차이는 아무리 미세한 것이라도 반드시 익힐 필요가 있다. 이것이 바로 인간관계를 조정하는 방법이다.

그런데 해당 문화권의 규모에 따라 대화는 보다 복잡한 양상을 띤다. 작은 마을에서 '오지랖'을 발휘하는 것이 관계에 효과적이라면 대도시의 다문화 공동체에서는 오히려 '무관심'이 더 유용할 수 있다. 작은 규모의 공동체에서는 '개방성'이라는 요소가 미덕이 되지만 큰 규모의 공동체에서는 오히려 불리한 요소이기 때문이다. 길에서 만난 사람에게 차나 한잔 하자고 집에 데려왔다가 그 사람이 물건이라도 훔쳐 가면 어쩔 것인가.

가치를 판단하는 기준이 너무나 다양하고 광범위하다. 같은 상황에서도 어떤 사람은 미소를 우호적 표현으로 받아들이는 반면 어떤 사람은 조롱으로 받아들일 수 있다. 상대의 반응을 예측하기가 어렵다 보니 사람들은 마음의 문을 닫아버리고 대화는 위축된다. 그 결과 개개인은 고립된 채 자신이 얻을 수 있는 친밀한 관계만 움켜잡고 있다. 그러면 어떻게 될까?

무례함(사람들을 무시함) × 무례함(지나치게 직선적임) = 무례함^2

무례함의 강도가 증가하는 데는 나름대로 이유가 있지만 공손한 태도가 더욱 현명하고 안전하다는 것은 분명하다. 립서비스가 진정한 미덕과 다른 것처럼 무지함도 순수함과는 다르다. 우리에게 필요한 것은 정교한 대화 기술이다. 협력은 대화의 행동 원칙이며, 열정은 대화의 신성한 숨결이다. 대화는 우리를 사회에 대한 무지로부터 깨어나게 할 뿐 아니라 놀라울 만큼 지혜롭게 만들 수 있다.

TV 화면 속에 매몰되는 것이 더 나은 삶일까
:

자극적인 리얼리티 쇼를 보며 격한 공감을 표현하다 보면 나름대로 재미가 있다. 하지만 그러다 보면 누군가와 직접 대면하는 것을 점점 두려워하게 된다는 사실은 어떻게 받아들여야 할까? 모든 것을 외면하고 TV 화면 속에 매몰되어 버리는 것이 더 나은 삶일까?

TV를 켜도 사회성을 높이는 대화는 찾아보기 어렵다. 드라마 제작자들조차 격한 대립 구도를 만들거나 충격적 소재를 다루는 것이 훨씬 유리하다고 생각하기 때문일 것이다. 전문가들의 토론회는 도식적 논쟁으로 지루하게 이어지는가 하면 수많은 토크쇼는 어설픈 유머로 의미 없이 진행되거나 일반인들의 싸움판으로 변질되기 일쑤다.

인터넷은 사회적 자신감을 약화시킨다. 사이버 공간을 활보하던 모습과 달리 인터넷 밖에서 얼굴을 맞대면 뭔가 잘못 이야기할까 두려워 아무 말도 하지 못한다. 하지만 언어 능력은 누군가와 함께 대화하면서 자연스럽게 습득되는 능력이다. 말을 덜 하면 서로 이해하는 폭도 좁아진다.

카메라와 동영상의 대중화는 영감을 불러일으키는 데에 기여하는 반면 집단적인 자의식 강화와 소외, 갈망을 부추기면서 새로운 형태의 좌절감과 우울증을 불러온다. 이런 현상은 당연하게 느껴질 정도로 보편적이며 실제보다 두드러지게 나타나고 있다. 우리를 자유롭게 하려고 만든 도구를 오히려 받들어 모시고 사는 것은 아닐까?

바보가 되고 싶다면 독백하라

⋮

혼자서 자기 표현을 하다 보면 정신을 수양하고 바람직한 대화를 하는 데 취약해질 수밖에 없다. 언어학자 윌리엄 라보프는 다양한 환경에서 다양한 계층의 사람들을 녹취한 자료를 분석했는데 그 결과가 알려지자 사람들은 무척 민망해했다.

문법적으로 엉망인 말을 사용한 빈도가 가장 높은 곳은 고급 두뇌들이 모여 대화하는 학술 모임이었다.

실험실이나 도서관에서 독백으로 이루어지는 연구는 필연적으로 모호한 의미의 전문 용어를 양산할 수밖에 없다. 우리는 말을 함으로써 생각을 걸러낸다 상대방 얼굴에 나타난 혼란스러운 표정만 보고서는 그의 생각을 명확하게 알 수 없다. 또 대화를 통한 교육이 책으로 하는 학습보다 집중력을 높일 수 있다. 잘 알려지지 않은 사실이지만 대화의 기술을 익히다 보면 사고력 역시 향상된다. 어떻게 대화가 지적 능력을 향상시키는 걸까?

1990년대 말 영국에서는 말하기 수업을 받은 8~11세 학생들을 표본 집단으로 연구를 했다. 말하기 수업을 받은 학생들은 그렇지 않은 학생들에 비해 자신의 생각을 설명하는 능력이 눈에 띄게 탁월했다. 이 집단은 글로 쓰는 지능 테스트에서도 우수함을 보였다. 무리 지어 함께 생각하는 방법을 익힘으로써 혼자서도 스스로 생각하고 표현할 수 있는 능력을 갖추게 된 것이다.

약 450년 전 이탈리아 작가 스테파노 구아초는 이렇게 말했다.

다른 사람과 함께하지 않는 사람은 경험을 쌓을 수 없고 경험을 쌓지 못한 사람은 판단력을 갖추지 못한다. 그리고 판단력이 없는 사람은 짐승과 다를 게 없다. 따라서 혼자 있는 사람에게 적합한 이름은 짐승 아니면 폭군일 것이다.

스테파노 구아초는 '인간다움humanitas'이라는 말을 사용했는데 이 것을 달리 표현하면 '함께 하는 대화' communal conversation라고 할 수 있다. 말을 하지 않으면, 상대방의 관점을 파악하지 못하고 결국 분열만 계속되어 건강한 논쟁이 사라지게 될 것이다. 대화가 없으면 그에 따른 침묵으로 의심과 분노, 폭력이 만연해 결국 사람 사이의 거리는 건널 수 없을 만큼 멀어지게 된다. 소설가 존 스타인벡은 대화가 주는 위안의 의미를 잘 이해했던 것 같다.

인간은 외로운 동물이다. 우리는 모두 일생 동안 외로움을 덜 타기 위해 노력한다. 그 오래된 방법 중 하나는 듣는 사람이 뭔가 말하기를, 뭔가 느끼기를 바라며 이야기하는 것이다. 적어도 내가 느끼기에는 그렇다.

대화가 없다면 인간은 상황에 대처하는 판단력도 떨어질 것이며, 이른바 '준비된 사람'은 절대 될 수 없을 것이다. 역사적으로 볼 때 대화를 존중했던 시대에는 지성의 교류와 발명 활동이 활발했던 것은 물론이고 사회 구성원들이 서로를 존중했다.

대화는 섹스 다음으로 중요하다
：

대화에서 가장 짜릿한 묘미는 대화를 통해 서로를 잘 이해하게 된다

TIP
대화를 시작하기 위한 5가지 원칙

① 먼저 무엇을 말할지 생각하라.
② 듣기를 더 많이 하라.
③ 대화의 목표를 생각하라.
④ 자신이 상대방의 의도를 알 거라고 전제하지 마라.
⑤ 상대방이 자신의 의도를 알 거라고 전제하지 마라.

는 점이다. 영국 왕실 병원 신경 장애 병동에서 들은 재미있는 이야기처럼 말이다.

> 한 젊은이가 교통사고로 머리에 심각한 부상을 입고 입원했다. 그의 어머니는 혼수상태에 빠진 아들의 의식을 회복시키기 위해 매일같이 병상을 찾아와 노래를 불러주었다. 드디어 아들이 깨어나기는 했지만 말을 하지 못했다. 사람들은 노트북으로 대화를 시도했다. 키보드 자판을 통해 그는 이렇게 말했다. "엄마, 제발 부탁이에요! 그 노래 좀 그만 하세요!"

업무적인 것이든 친구와의 수다든, 대화는 사람과 사람을 연결하는 자발적 활동이라는 점에서 인간의 다른 어떤 활동보다도 큰 가치를 지닌다. 우리는 다른 사람들과 좋은 관계를 유지했을 때 원만한 생활을 누리고 더 많은 즐거움을 얻게 된다. 대화 능력이 뛰어난 사람은 데이트 기회도 많이 얻고 계약도 잘 성사시킨다. 이런 사람들은 심지어 취업 인터뷰 때도 유쾌한 분위기를 만든다.

대화의 기술을 익히면 더 매력적인 사람이 될 뿐만 아니라 까다로운 상황에서도 여유롭게 대화를 리드하게 된다. 그리고 결정적으로 영향력 있는 인물이 될 수 있다. 대화는 생각을 더욱 빛나게 다듬으며 동시에 새로운 아이디어를 창출해낸다. 일상의 대화는 치열한 업무 상황을 여유롭게 만들어주기도 한다. 간단히 말해 대화는 섹스 다음으로 중요하다고 할 수 있다. 섹스보다 덜 흥분되지만 매우 중요한 것이다.

매끄러운 대화가 주는 놀라운 효과들

⋮

나는 '대화 전문가'는 아니다. 열정과 관심을 가졌을 뿐이며 이 책 역시 대화라는 주제에 대한 모범 답안은 아니다. 하지만 매끄러운 대화가 가져다주는 놀라운 효과를 인정한다면 앞으로 인생에서 더 만족스러운 경험들을 하게 될 것이다. 대화가 얼마나 손쉽게 우리의 삶을 유리하게 또는 불리하게 바꿔놓는지를 알면 놀랄 수밖에 없을 것이다.

대화는 친밀한 관계를 형성하고, 일상이나 비즈니스에서 최상의 가치를 얻게 해주며, 사회적 긍지를 끌어올릴 수 있다. 대화의 기술을 올바르게 사용한다면 무너져가는 상식의 지평을 복원할 수 있다. 시인 알렉산더 포프는 이렇게 말했다.

대화를 나누면서 느끼는 진정한 편안함은 우연에서 오는 것이 아니라 기술에서 나오는 것이다. 마치 춤을 배운 사람이 자연스럽게 춤추는 것처럼…….

CONTENTS

프롤로그 _ 소통의 시대, 우리는 왜 더 외로울까 • 04

Part 1 5분의 대화가 관계를 결정한다

1. 안녕하세요! – 친밀감을 형성하는 첫인사의 힘 • 21
2. 무슨 이야기부터 시작할까?
   – 마음을 열어주는 가벼운 대화 • 35
3. 당신과 얘기하면 최고가 된 기분이에요!
   – 상대의 속마음을 읽는 경청의 기술 • 55
4. 쉿! – 말하지 않고 말 잘하는 사람이 되는 침묵의 힘 • 79

Part 2 대화 울렁증을 극복하는 법

5. 왜 대화가 뚝뚝 끊길까?
   – 최상의 대화 주제를 찾는 법 • 97
6. 춤 좋아하세요?
   – 맘에 드는 화제로 대화를 이끌어가는 기술 • 115
7. 제 얘기가 재미없으세요? – 지루한 대화 응급처치법 • 131
8. 절대로, 절대로 웃기려고 노력하지 마라!
   – 유쾌한 사람으로 기억되는 유머의 법칙 • 151

Part 3 끌려 다니지 않고 리드하는 대화기술

9. 그에게 진실을 말해야 할까?
   - 거짓말하는 법, 거짓말에 속지 않는 법 • 173

10. 당신 마음을 얻고 싶어요!
    - 상대를 유혹하는 사랑의 대화법 • 189

11. 어떻게 칭찬하는 게 좋을까?
    - 아첨이 아닌 진심처럼 들리게 칭찬하는 법 • 209

12. 대화를 나누면 일이 즐거워진다!
    - 성공적인 직장 생활을 위한 대화법 • 219

13. 곤란한 상황에 처하셨군요!
    - 까다로운 대화에서 방향을 잡는 방법 • 241

14. 입 좀 다물어 줄래요?
    - 말싸움에서 우위를 차지하는 방법 • 271

Part 4 춤을 추듯 대화를 즐겨라

15. 전화기는 잠시 꺼두셔도 좋습니다!
    - 인생을 멋진 대화로 장식해보자 • 291

에필로그 _ 떠나야 할 때를 아는 이의 뒷모습은 아름답다! • 300

삶을 업그레이드하는 1mm 대화 디테일

낯선 인파와 맞닥뜨렸을 때 • 32   폭탄을 마주했을 때 • 52
네트워킹을 고민하는 사람을 위해 • 238   잘못을 시인하기가 어려울 때 • 286

이런 사람 꼭 있다! 폭탄 대처법

사과를 일삼는 사람들 • 76   삿갓조개 • 92   쇼걸 • 112   종교재판소장 • 128
귀머거리 • 148   반응을 강요하는 사람 • 168   에둘러 말하는 사람 • 186
대변인 • 206   아첨꾼 • 216   만물박사 • 268

PART

1

5분의 대화가
관계를 결정한다

이런 상황이라면 어떨까? 학교 앞을 지나칠 때마다
같은 여성을 마주치는데 만날 때마다 마치 잃어버린 아이를
되찾은 것처럼 반갑다 못해 격렬하게 나를 포옹한다면?

1장에서 우리는

- 처음 만난 사람에게 호감 주는 법을 배울 것이다. 어떻게 하면 상대방에게 좋은 인상을 줄지, 무례한 사람으로
  오해받는 상황에서 벗어날 수 있을지 배우게 될 것이다.
- **Tip** : 낯선 인파를 만났을 때 어찌할 줄 모르는 당신을 위한 해결책이 제시되어 있다.

안녕하세요!
친밀감을 형성하는 첫인사의 힘

어떤 가게에 들렀을 때 손님에게 "안녕하세요"라고 인사하는 점원과 손님의 낡은 신발만 계속 쳐다보며 빈정대는 표정을 짓는 점원이 있다면 둘의 인상이 어떻게 다를지 비교해 보자. 물론 그 점원이 일부러 무례하게 행동한 것은 아닐지도 모른다. 하지만 굳어진 첫인상은 바꾸기 어렵다.

그런데 인간 세계에서는 참으로 많은 사람이 첫인사라는 오랜 관행을 망쳐버린다. 어떤 사람은 강한 인상을 남기려는 의욕만 과해 실제로 자신이 어떤 인상을 주는지 깨닫지 못한다. 반대로 어떤 사람은 지나치게 소극적이고 수줍어서 말을 더듬거나 자기만 들을 수 있을 정도의 작은 소리로 웅얼거린다. 또는 아무 말도 하지 않는다. 그게 뭐 그리 대단하다고.

먼저 인사하라

⋮

내가 혹시 이런 사람은 아닐까? 낯선 사람하고는 절대 이야기 안 하는 사람, 혹은 누가 말 걸지 않으면 절대 먼저 말하는 법이 없는 사람. 이제 과거는 모두 잊어버려라. 머뭇거리는 태도는 정말 아무런 쓸모가 없다. 그럼 어떻게 대화를 시작해야 할까? 간단하다. 그냥 "안녕하세요!"라고 하면 된다. 누군가와 대화를 시작할 때 '안녕하세요'보다 더 손쉽고 부담 없는 말은 없다. 정말 쉬운 말이다. 이렇게 간단히 인사하기만 하면 대화의 물꼬가 트인다.

대화를 음악에 비유한다면 그 시작은 음을 맞추고 다른 키를 살펴보는 일일 것이다. '안녕하세요' 같은 가벼운 인사나 '처음 뵙겠습니다' 같은 격식을 차린 인사를 교환한다는 것은 그 순간부터 서로에게 주목한다는 의미다. 인사는 그 자체로 어떤 메시지를 담고 있다. 아무리 편한 인사라도 그것은 주목을 끌기 위한 구실이 아니라 상대방에 대한 존중의 표현이다.

첫인사가 이미지를 좌우한다

⋮

인사를 적절하게 받는다는 건 상대방과 같은 음을 두드리는 것이다. 형식적인 관계든, 친밀한 관계든 마찬가지다. 반대로 인사를 적절하게 받지 못하면 상대방에게 관심이 없거나 상대방과 주파수가 맞지 않는다는 의미다. 자기소개를 안 한다는 것은 마치 '내가 누군지 몰라?' 라고 말하는 것과 같다. 그에 대한 대답은 '모르겠는데! 참 고맙기도 해라!' 정도가 될 것이다.

누군가에게 인사를 한다는 것은 '사회' 라는 영역 안으로 들어가는 데 필요한 '여권' 같은 역할을 한다. 그뿐 아니라 자신의 행동 스타일을 결정짓는 구체적인 기준이 된다. 따라서 사람들이 내게 인사해 온다면 나도 그래야 하며, 로마에 있다면 로마법을 따르는 것이 가장 좋다.

그리고 런던 같은 거대 도시에서도 인사에 응답하지 않는 사람에 대해서는 우호적이지 않다. 이 사실만 봐도 가벼운 인사가 인간관계를 형성하고 대화를 이끄는 데에 얼마나 중요한지 알 수 있다.

인사에 최선을 다하라
⋮

물론 대부분은 인사에 그다지 주의를 기울이지 않는다. 인사는 그냥 습관적인 것이기 때문이다. 그러나 국제화 시대의 변화무쌍한 삶을 접하게 된 지금, 그 어느 때보다 세부적인 인사법에 주목해야 한다. 그런데 세밀히 들여다보면 그 많은 인사법 가운데 무난하다고 할 만한 게 의외로 없다는 사실을 알 수 있다.

우리 사회에는 너무나 많은 소통법이 존재한다. 미소나 악수 같은 표준화된 제스처는 나름의 이유로 계속 진화하고 있다. 사회적 공감대는 점점 엷어지고 에티켓은 복잡해지면서 혼란이 더욱 가중되고 있다. '정보 시대'가 우리의 행동을 프로그래밍하는 소프트웨어를 온통 뒤흔들어 버렸기 때문이다.

삶의 모습이 점점 획일화되는 것 같지만 사람들은 각자가 인터넷이나 영화, TV에서 본 내용들을 편집해 받아들인다. 뉘앙스는 급격히 다양해지고 있으며, 요즘 10대들에게 하이파이브를 하자고 하면 구닥다리 취급을 받을 것이다. 가장 간단하면서 확실한 방법은 "안녕하세요"라고 인사하는 것이다. 첫인사는 누구나 공감할 수 있도록 복잡하지 않아야 한다.

눈을 피하는 순간 불쾌해진다
⋮

인사를 하면서 상대방을 쳐다보지 않는다면 상대는 투명인간 취급을 받았다고 느낄 것이다. 이는 상대가 쳐다보기 두렵거나 혹은 쳐다볼 만한 가치가 없는 사람이라는 의미도 암시한다. 두 경우 모두 매너가 좋지 않은 것이다. 그렇게 행동한다면 겁쟁이나 거만한 사람이 되고 말 것이다. 인사할 때 실수를 하면 대화할 가치조차 없는 사람으로 전락할 수 있다. 카리스마 있는 사람은 이야기할 때 상대의 눈을 바라보는 데 인색하지 않다.

줄루족은 독특하고 우아한 인사 표현을 쓴다. "사우 보나Sawu bona"라고 인사하는데 '내가 당신을 보고 있어요'라는 뜻이다. 이 말은 인사의 영향력을 함축적으로 나타낸다. 즉 인사는 상대방을 인지하고 있다는 의미다.

한편 시선이 상대방을 향해 있을 때 이를 드러내며 싱긋 웃으면 대화를 어렵지 않게 시작할 수 있다. 웃을 때 중요한 점은 눈으로도 웃어야 한다는 것이다. 실제 눈가의 근육을 사용해 눈 주위에 주름이 잡히지 않으면 그 웃음은 가짜로 받아들여질 것이다.

인간은 본디 관계를 맺고자 하는 욕구와 독립적 존재가 되려는 욕구 사이의 긴장감을 조절하기 위해 대화를 만들어냈다. 대화가 발달함에 따라 인간은 자신의 생각을 말로 변환할 수 있었고 다른 사람과 공동 작업을 할 수 있었으며 결국 '호모사피엔스'가 되어 지구를 지배하게 되었다.

대화의 가장 중요한 목적이 두 사람 사이의 공통 영역을 그려보는 것이라면 인사는 개인의 영역을 구분하는 것이라 할 수 있다. 악수를 하거나 혹은 '안녕하세요'라는 말을 건네는 동안, 상대의 눈을 외면하지 않는다면 마음에 상대방이 들어올 수 있는 공간이 생긴다.

악수에도 성격을 담을 수 있다
:

이런 상황이라면 어떨까? 학교 앞을 지나칠 때마다 같은 여성을 마주치는데 만날 때마다 마치 잃어버린 아이를 되찾은 것처럼 반갑다 못해 격렬하게 포옹한다면? 나는 좀 무서울 것 같다. 서로 친한 사이라면 예절에 대해 신경을 덜 쓰거나 아니면 아예 신경 쓰지 않아도 된다고 생각하기 때문일 것이다.

요새는 예절의 의미가 조금 퇴색했지만 과거 사회의 특권층에서는 예절 바른 말을 사용해야 한다는 생각이 중요한 자산이었다. 대화의 문법을 최초로 연구한 고대 로마의 사상가 키케로는 예절을 이렇게 정의했다. '각 개인에게 몫을 할당하고' '상냥하게 말하는 습관을 들임으로써' 공동체를 지켜주는 것. 이 말은 오늘날에도 여전히 유효하다.

따라서 새로운 사람을 만나면 마치 소설의 첫 장을 읽는 기분으로 그 미지의 세계가 주는 신호를 끌어당기면 된다. 의도하기만 한다면 악수하는 모습에도 자신의 성격을 나타낼 수 있다.

한번 주의 깊게 되돌아 보자. 그 여자는 악수할 때 내 손을 꽉 움켜 잡았던가? 눈을 감았던가? 아니면 힐끗 쳐다보았던가? 나는 손이 으스러질 정도로 세게 악수하는 사람을 보면 겁이 난다. 또 진실성이 의심될 정도로 과장된 친밀감을 표현하다가 결국 자기 실리만 챙기는 사람도 마찬가지다. 값싼 우정을 내세워 그럴듯한 이야기만을 일삼는 사람도 있다.

악수는 처음 만나는 사람과 인사할 때 사용할 수 있는 가장 안전한 방법이다. 실제로 전쟁 시대에는 칼을 가지고 있지 않다는 것을 보여주기 위해 악수를 했다고 한다.

상대의 이름이 기억나지 않을 때는 그를 전에 만난 적이 있더라도 먼저 자신을 소개하면서 이름을 알려준다. 그러면 상대방도 자신의 이름을 말할 것이다. 나를 소개하려는 사람이 내 이름을 잊어버려 조금이라도 망설이는 듯 보이면 먼저 이름을 말한다. 내가 다른 사람을 소개하는 경우에는 이름을 아는 사람부터 이야기한다. 그다음 잠시 틈을 두고 미소를 지어 보인다. 그러면 아마도 상대방은 그 의미를 눈치챌 것이다.

그런데 상대방이 너무 둔해 눈치채지 못한다면 그냥 사실대로 털어놓는 편이 낫다. 이런 식으로 이야기하면 도움이 될 것이다. "당신 이름을 잊어버리면 안 되는데…… 죄송해요. 전 뭘 외우는 데 젬병인가 봐요." 실제 내 기억력에는 문제가 없을 수도 있다. 그래도 더 신경 써야 한다.

물론 이름을 기억하는 사람들도 있다. 새로운 사람을 곧바로 대화에 끌어들이기 위해 다음과 같은 세련된 화법을 이용해 보자. "경호, 자네 왔군. 유미가 새로 산 피아노에 대해 막 이야기하려던 참이었어."

대화 초반부를 주도하라

대화 초반부에 상대방을 무시하면 그는 곧 가버릴 것이다. 에티켓 전문가 존 모건은 이렇게 말했다.

정식으로 소개하기 전까지 어떤 사람은 반만 존재한다고 할 수 있다.

존 모건의 이야기는 '인지됨'의 중요성을 강조하려는 것이다. 그리고 인지됨으로써 많은 이점이 생긴다는 사실을 전한다. 고대 로마의 통치자들은 외출할 때 특별한 비서를 대동했다. 귀한 손님을 만나는 경우 비서가 상대방 이름과 적절한 인사말을 귀띔해 주었는데, 이렇게 함으로써 먼저 인사를 건네며 대화를 주도할 수 있었다고 한다. 이와 비슷한 전략은 영화 〈악마는 프라다를 입는다〉에서도 볼 수 있다. 권력자들이 이용했던 이러한 실력 행사는 인사와 소개 과정에 은밀한 경쟁이 내재되어 있음을 보여준다.

우선 인사를 하면서 서로의 이름을 말하고, 그다음 소개 과정을 통해 서로의 관계를 설정하고 서로에 대해 충분한 정보를 교환함으로써 대화가 빨리 진전된다. 그러나 요즘은 사정이 달라졌다. 신분을 나타내는 신호를 감지하기가 어려워졌기 때문이다. 그래서 누군가를 소개하는 일은 소개하는 당사자가 원하는 방향으로 이루어지기 마련이다.

한 기업의 파티장에서 면도도 안 한 지저분한 모습의 남자가 계속 줄담배를 피우는 모습을 상상해 보자. 사람들에게 독설을 퍼붓는 그가 바로 기업의 대표이자 엄청난 부의 소유자일 수도 있다. 그의 살벌한 태도는 다른 사람들이 자신의 지위를 넘보지 못하게 하는 효과적인 장치일 수도 있기 때문이다.

정말 친한 친구들과 펍이나 바에서 만나는 거라면 모르겠지만 형식적인 자리라면 주의 깊게 살펴보자. 거기에는 분명 이런 수많은 규칙이 존재할 것이다. 예전에 어느 자존심 센 귀부인은 초대장을

TIP

관계를 망치는 10가지 지름길

① 갑자기 웃음을 터뜨린다.

② 상대방 옷차림을 유심히 살핀다.

　(옷차림이 마음에 드는 경우에도 이런 행동은 좋지 않은 인상을 준다.)

③ 무리한 신체 접촉을 하거나 지나치게 세게 악수를 한다.

④ 상대방이 악수한 손을 거두려 할 때까지 계속 손을 잡고 놓지 않는다.

⑤ 악수하기 전이나 악수한 다음에 손을 닦는다.

⑥ 악수를 거절한다.

⑦ 소개가 이루어지는 도중에 시선을 피한다.

⑧ 성의 없이 상대방에 대해 잘 알고 있다고 말한다.

⑨ 칭찬을 거부한다.

⑩ 침묵한다.

보고 모임의 중요성을 판단했다고 한다. 초대장에 사용된 종이가 빳빳할수록, 초대장을 날렸을 때 드레스 룸에서 멀리 날아갈수록 더 고급스러운 의상을 입고 나갔다고 한다.

너무 조바심내지 마라
　⋮
처음부터 지나치게 가까이 다가오는 사람들 때문에 불편함을 느낄 때가 있다. 그들이 술을 마실수록 그런 경향은 더 강해지는 것 같다. 그런데 더 편안하고 여유롭게 친밀감을 높이려면 첫 만남의 자리가 아니라 이후 더 친밀해진 상황에서 그렇게 해야 한다. 처음부터 친밀한 관계를 가정하면 결코 그렇게 될 수 없다.

상대가 원하는 정보를 제공하라

회사의 대표 혹은 결혼 상대자가 될지도 모르는 사람을 처음 만나는 것은 연극 무대에 걸어 올라가는 것처럼 긴장되는 일이다. 그러나 기억하라. 이 순간 상대방도 똑같은 초조함으로 저녁 식사로 뭘 먹을지 고민할지도 모른다는 걸 말이다.

물론 그 시점에서 이후에 일어날 일을 정확히 예측한다는 것은 불가능하다. 마음속에 긴장이 감지된다면 역으로 생각하라. 상대방도 똑같이 긴장하고 있을 것이라고. 그리고 만남과 첫 번째 대화 주제에 집중하라. 효과적인 자기소개는 짧은 광고 같아서 다음의 두 가지 요소로 나누어진다.

나는 어떤 사람인가 + 왜 나를 만나야 하는가

이런 상황에서 중요한 정보는 내가 교수인가 영화배우가 하는 사회적 위치보다 내가 상대방 혹은 그 상황과 맺고 있는 관계다. 예를 들어 직장 상사인지, 고객인지, 장모인지, 혹은 선을 보러 나온 독신 남인지와 같은 것 말이다. 이런 대화의 초점을 파악하고 상대방이 원하는 정보를 전달하면 좋은 관계가 형성될 것이다.

자기를 소개할 때는 자신의 가장 훌륭한 면을 최대한 부각시킨다. 그러면서 상대방에게 미소를 지어 보여야 한다. 앞서 소개한 줄루족의 인사말 '내가 당신을 보고 있어요'의 의미를 염두에 두기 바란다. 그것은 상대방을 중요하게 여긴다는 의사 표현이다. 자, 이제 대화를 시작할 수 있다.

낯선 인파와 맞닥뜨렸을 때

나는 일부러 지각을 한다. 모임은 활기가 넘친다. 모임 주최자도 있고 처음 보는 사람도 많다. 낯선 사람들과 함께 있는 기분은 아마도 도둑을 지키는 일보다는 매력적일 것이다. 그런데 "안녕하세요"라는 인사만 해도 혀에 경련이 일어날 것 같다. 회사 모임에 가보면 모두들 어색한 옷차림을 한 채 업무와 관련된 이야기는 절대로 하지 않으면서 억지로 더 친한 척하려 든다. 그 모습은 마치 안내서도 없이 지구에 불시착한 외계인처럼 어색해 보인다.

낯선 인파에 대처하는 2가지 방법

1. 불편한 상황을 피해 회전문에 들어가 계속 돌고 있는 것도 괜찮은 방법이다.
전에 영화배우 로버트 드니로가 영화 시상식장에서 그렇게 하는 걸 본 적이 있다. 그런데 안타깝게도 회전문은 저만치 멀리 떨어져 있다. 그러니 범행을 저지를 장소를 물색하는 범죄자처럼 모임 장소를 찬찬히 살펴보면서 서 있을 만한 적절한 위치를 찾아본다.

2. 제일 좋은 곳은 구석이다.
그곳에서 사람들은 휴식을 취하면서 분위기를 가다듬는다. 음식 가까이에 있으면 다른 사람들이 나누던 대화에 끼어들 수 있고 할 일도 생긴다. 집에서 여는 파티라면 일손을 거든다. 새로운 무리가 만들어지면 그들의 주목을 끌 만한 표현을 사용해본다. 그러면 그 무리에 합류할 수도 있다.

어쩌면 이곳에서 좋은 사람을 만나게 될지도 모른다. 말없이 미소를 머금은 채 홀로 주위를 둘러보고 있는 한 사람이 눈에 띈다. 내가 그러는 것처럼 말이다. 그 사람은 멀리서 웨이트리스를 쳐다보고 있다. 그의 잔은 내 잔처럼 비어 있다. 그에게 다가가 함께 웨이트리스를 부른다. 아니면 화를 내며 열띤 논쟁이라도 해본다. 지금까지 힘겹게 대화의 문을 열었다면 이제부터는 가벼운 대화를 시작할 준비를 해보자.

안테나를 세우고 상대방과의 공통 영역이
무엇인지 알아낸 다음 파고들어라.
미끼를 던지는 것처럼 여러 화제를 던진 다음
상대방이 편안해하는 것을 잡아라.

2장에서 우리는

- 어색한 침묵만 흐를 때, 마음을 열어주는 가벼운 대화법을 배울 것이다. 어떻게 하면 상대방의 관심사를 빠르게
  파악하고 편안한 사람으로 기억되는지 배워보자.
- **Tip** : 입만 열면 불평으로 시작되는 사람에게 대처하기 위한 비법이 제시되어 있다.

무슨 이야기부터 시작할까?
마음을 열어주는 가벼운 대화

영화 〈페인티드 베일〉에서 여주인공은 남편을 이렇게 나무란다.

모든 사람이 이야깃거리가 있을 때만 말을 한다면 얼마 안 가 인류는 말하는
능력을 잃어버릴 거예요.

수많은 대중 앞에 서는 연예인들도 가벼운 대화를 특히 부담스러
워 한다면 믿겠는가? 토크쇼 진행자 주디 피니건의 말을 들어보자.

처음 보는 사람과 대화를 해야 한다는 생각만 해도 두려워져요. 친구들하고
있을 때는 너무 편안한데 다른 사람들은… 글쎄요. 아무튼 나는 가벼운 대화
라든가 그런 종류의 일상적인 대화를 좋아하지 않아요. 프로그램 시사회에
가는 것도 별로 안 좋아해요. 처음 보는 사람들과 이야기해야 되잖아요. 말

도 안 되는 이야기 같지만 정말 그래요.

사람들은 유명인을 친구처럼 잘 안다고 생각하는데 이 때문에 그들은 다소 일방적이고 형식적인 친밀감을 표현할 수밖에 없다. 그들에게는 참으로 불편한 일이 아닐 수 없다. 그러나 유명인이 아닌 경우도 대화를 해야 하는 장소에 갈 때는 전쟁터에 나가는 젊은이의 심정이 될 수 있다. 가벼운 대화가 그토록 부담스러운 이유는 그것을 스스로 해나가야 한다고 생각하기 때문이다.

누구에게나 낯선 사람은 두렵다

:

낯선 사람과 이야기해야 하는 경우 상대방 역시 같은 조건이라는 것을 기억하자. 그럴 때는 그냥 강아지들이 서로 처음 만날 때 코를 맞대며 인사를 나누는 것처럼 첫인사 자리를 감정 표현의 기회라 생각하면 된다.

필립 라킨의 친구이자 소설가인 킹즐리 에이미스는 '인류의 역사는 자신이 동물이라는 사실을 잊기 위해 노력하는 인간이라는 동물의 이야기'라고 말했다. 인간의 감정은 바로 이런 진실을 상기시키기 위해 존재한다. 당황은 인간의 오래된 감정인 '두려움'의 사촌쯤된다. 두려움이란 그저 허상에 지나지 않는다.

낯선 사람을 만나는 상황에서 가벼운 대화 자체가 두려움의 원인이 되는 것은 아니다. 다만 어느 정도 연관이 있을 뿐이다. 실제 두려움이란 자의식 속에 있는 수줍음에서 비롯된다. 누군가에게 노출되어 있다는 느낌을 받으면 자의식이 위축되고 대화의 주제를 이해하는 판단력이나 상대방에 대한 대처 능력이 마비되기 쉽다.

대화 자체에 몰입하라

한 연구 결과에 따르면 친구와 진지한 이야기를 나누는 경우에는 상대방의 이야기가 얼마나 흥미로운가로 대화의 만족도를 평가한다고 한다. 반면에 상대방이 덜 친숙할수록, 대화 주제가 시시할수록 자신의 말로 대화를 평가하려는 경향이 있다고 한다.

예외가 있다면 오랜 관계를 유지해 온 연인 사이의 대화다. 이 경우 대화 주제의 중요도와 당사자들의 참여도가 대화의 만족도에 영향을 미치지 못하는 것으로 나타났다. 이에 대해서는 서로가 상대방의 이야기를 듣지 않기 때문이라는 의견도 있고 그들이 완전히 동화되어 대화가 섬세하게 흐르는 심포니 같기 때문이라는 의견도 있다. 둘 중 무엇을 택할지는 각자가 결정하길.

이 연구 결과에서 알 수 있는 것은 대화의 주제와 대화 상대에 대한 집중도가 떨어지면 상대를 의식해 수줍음을 더 많이 타게 된다는 것이다. 따라서 가벼운 대화에 쉽게 접근할 수 있는 가장 손쉬운 방법은 대화 자체에 몰입하는 것이다. 다시 말해 대화에 더 많은 가치를 두어야 한다는 것이다.

가벼운 대화는 일상적인 것

⋮

그런데 '가벼운 대화'에는 언제나 좋지 않은 말이 따라다녔다. 영어권에서는 1751년 체스터필드가 이 말을 최초로 정의했다.

일종의 잡담이나 가볍게 하는 이야기이며, 다양한 계층의 사람들이 나누는 일반적인 대화이다.

다른 말로 하면 '미숙한 대화'라는 것이다. 과거 남성 위주의 사회에서 '가벼운 대화'는 여자처럼 사소하고 공허하며 심지어 황량한 것이라고 폄하되어 왔다. 금융 기업의 간부들에게 '업무 중 가장 힘든 부분이 무엇인지'를 묻는 설문 조사를 했더니 고객과 가벼운 대화를 나누는 것이라는 대답이 많았다. 늘 그런 것처럼 이런 편견에서 불안과 오해가 비롯된다. 가벼운 대화는 진부한 것이 아니며 이미 정해진 규격에 맞추려고 화제를 잘라내는 것도 아니다. 여러 가지 형태로 나타날 수 있다.

예를 들면 모임이 본격적으로 시작되기 전에 나누는 일상적 이야기나 사람을 사귀면서 하는 이야기, 가십, 그리고 우체국 같은 곳에 줄을 서서 기다리는 동안 사람들과 나누는 이야기 등이 가벼운 대화에 속한다. 일본의 게이샤에게는 가벼운 대화 자체가 업무이기도 했다.

사람들이 마치 꽃송이에 모여드는 벌떼처럼 행동하는 모임에서는 가벼운 대화라는 것이 경박스러워 보일 때도 있다. 그러나 가벼운 대화가 어디서 일어나건, 얼마나 소박하건 간에 분명한 것은 가벼운 대화가 우리 생활의 본질이라는 사실이다.

친밀감을 끌어내라
　⋮

인류학자들은 가벼운 대화를 영장류의 '몸단장'에 비유한다. 가벼운 대화를 통해 소속감이 강화되기 때문이다. 이와 같은 맥락에서 어떤 학자들은 '사교적인 대화'라고 분류하기도 한다. 이는 가벼운 대화에 사용되는 표현이나 단어 자체보다는 대화를 통해 교류되는 신호가 더 중요하기 때문이다.

실제 사람들이 나누는 대화 속에는 그다지 중요한 정보가 담겨 있지 않다. 예를 들어 한가롭게 나누는 날씨 이야기처럼 말이다. 중요한 것은 대화를 통해 발산되는 말하는 사람들의 관계다. 대화를 통해 그들의 친밀도를 알 수 있다.

이러한 시각은 '가벼운 대화'의 복잡한 역할을 명료하게 정리해 준다. 가벼운 대화는 본대화의 주제를 준비하고 정리하는 단계로 대화의 톤과 페이스를 설정한다. 대화에 참여한 사람들의 감성을 감지하고 또 공감대를 찾아가며 서로의 마음과 호의를 부드럽게 어루만

져준다. 이 모든 것은 마치 사회 구성원으로 이루어진 거대한 오케스트라와 같다. 이렇게 완벽한 대화가 또 있을까?

가벼운 대화의 장점은 다음과 같다. 첫째, 낯선 사람을 만났을 때 유용하다. 둘째, 서로에게 큰 부담감을 주지 않는다. 물론 대화의 주제가 부드러울수록 흥미는 덜하겠지만 말이다. 셋째, 단편적이고 즉각적이며 최소한의 에너지가 소비된다. 말하자면 힘든 운동이 아니라 부담 없이 즐기는 배드민턴 같다고 할 수 있다. 또한 꼭 해야 한다는 강박관념이나 외부 압력도 없다. 넷째, 누군가에게 가벼운 대화 대신 가슴속 깊은 이야기를 하는 것은 자신을 그대로 노출하는 것과 같다. 자신이 이야기한 것을 상대방이 거부한다면 상처받을 것이다.

가벼운 대화의 진정한 의의는 상대방이 가치 있는 존재라는 것을 알려주는 데 있다. 마법 같은 위력으로 일상에서 친밀한 관계를 점화시키는 것이다. 가벼운 대화에 서툴면 죽을 맛이겠지만 가벼운 대화를 이어나갈 가치는 충분하다.

친밀감은 리더의 필수조건
:

영국의 전 수상 토니 블레어는 스태프들에게 입버릇처럼 "그냥 토니라고 부르세요"라고 말하고 다녔다. 자신의 권위를 고집하지 않음으로써 친구라는 특권을 얻을 수 있었다. 자신에 대한 반감이나 적대감을 원천적으로 차단했던 것이다. 누가 자기 친구에게 함부로 싸움을 걸겠는가. 이런 사회적 본능은 원래 우리 영장류의 하드웨어에 내장되어 있다. 과학 평론가 매트 리들리는 이렇게 말했다.

무리에서 우두머리가 되는 침팬지가 반드시 제일 힘센 놈은 아니다. 다른 침팬지들과의 관계를 자기에게 유리하게 조종하는 능력이 뛰어난 놈이다.

가벼운 대화가 주는 보너스는 우리 몸의 신경계와 호르몬 활동을 활성화시킨다는 것이다. 우리는 가벼운 대화로부터 신선한 자극을 받아 현대사회에 꼭 필요한 적응력을 갖추게 된다. 현대사회에서는 친밀감을 빨리 형성하는 능력을 갖추면 리더가 될 수 있다.

단 사람들은 각기 다르기 때문에 모든 사람을 같은 방식으로 대하는 것은 적절치 않다. 이 역할 저 역할 사이를 옮겨 다니고 그때마다 얼굴 표정을 바꾸는 일에는 엄청난 스트레스가 따르지만 우리 자신이 스스로에게 부여했거나 사회로부터 부여받았거나 아니면 다른 사람들의 이목 때문에 쓰게 된 가면이 과연 몇 개나 될까? 시인 필립 라킨이 계관시인 추대를 거부하면서 '나인 척 연기하는 것이 불편하다'고 했던 말은 참으로 공감이 간다.

그러나 친구를 사귀는 데에는 가벼운 대화가 효과적이다. 지루하고 장황하게 늘어놓는 불필요한 이야기가 아니라면 말이다. 가벼운 대화를 나누면 관계가 형성되고 친밀감이 생긴다. 가벼운 대화를 두려워하면 그것이 주는 기회를 놓치게 된다. 가벼운 대화로 수줍음에서도 벗어날 수 있다.

모든 인간관계는 이기심에서 비롯된다. 친구들과 나누는 웃음도 그렇고 눈물도 그렇다. 바로 이 때문에 우리가 맺는 인간관계가 의미를 갖게 된다. 대화도 어떤 목적이 있을 때 활성화된다. 그래서 가벼운 대화를 통해 상대와의 공통 영역을 탐색하고 대화의 방향을 결정하는 것이다. 대화의 요점보다는 누구와 이야기하는지가 더 중요한 경우가 많다. 사람들과 어울리기를 좋아하는 사람이라면 알겠지만 즐거움을 위해 반드시 많은 이야기를 할 필요는 없다. 대화 내용이 어떤 것이든, 오랜 친구와 이야기하든 새로 사귄 친구와 이야기하든, 다음의 다섯 가지 규칙을 지킨다면 가벼운 대화를 매끄럽게 할 수 있을 것이다.

① 상대방을 편안하게 해줘라.
② 자신도 편안한 마음으로 임하라.
③ 대화에 참여한 모든 사람과 이야기하라.
④ 공통의 관심사를 만들어라.
⑤ 대화의 목적을 적극적으로 추구하라.

가벼운 대화를 위한 도구
:

대화는 적극적이고 능동적인 태도로 임할 때 효과적으로 진행된다. 진지한 태도와 관심, 밝은 표정으로 대하고 유머를 활용하라. 내가 느끼는 즐거움을 마음을 다해 상대방에게 전달하라. 가벼운 대화를 시작할 때 사용하는 도구는 다음과 같다.

- 대화를 시작하는 질문 (ex.멀리서 오셨나요?)
- 중립적인 대화 주제
- 대화가 이루어지는 주변 환경
- 서먹한 분위기를 깨는 표현 (재미있는 이야기나 질문)
- 화제를 제안하는 능동적인 태도

그가 염세주의자만 아니라면 그대로 받아들일 것이다. 그러면 대화는 마치 화사한 햇살을 받은 꽃처럼 피어나게 된다. 단, 지나치게 열정적인 태도를 가지면 대화에 너무 몰입하게 된다는 것이 문제다. 만약 그런 낌새가 보이면 당장 대화에서 빠져나와라.

공통의 관심사를 찾아라
⋮

대화를 시작할 때는 논쟁의 여지가 전혀 없는 공통의 영역을 화제로 삼는 편이 훨씬 낫다. 가볍고 편안한 마음으로 서로의 관심사를 살펴보고 질문을 주고받는 가운데 새로운 화제를 끌어내는 것이다. 뭔가를 폭로하는 말이나 의미 없는 이야기는 좋지 않다. 결혼한 여성에게 "아이는 언제 낳으실 거예요?"라는 질문은 일상적으로 할 수 있는 이야기지만 출산 계획이 없는 사람에게는 불편한 화제가 될 수 있다. 그 이유를 이야기하고 싶지 않을 테니까 말이다.

이야깃거리를 흥미롭게 전달하려고 노력해 보자. 예를 들어 "맨체스터 유나이티드 유니폼과 같은 색의 옷을 입으셨네요" 같은 말로 말이다. 가장 이상적인 것은 이야깃거리를 통해 다른 사람에 대한 단서를 점차 알아내는 것이다.

예전 사람들은 문학 속의 멋진 구절이나 역사적 사실, 명언 등을 참고해 두었다가 다른 사람들에게 깊은 인상을 주는 데 써먹었다. 그런데 안타깝게도 요즘에는 공개된 지식이나 가치를 이용하는 것은 좋은 방법이 아니다. 그런 것은 그냥 혼자 있을 때 한껏 뽐내면 된다. 그보다는 대화를 시작하기 전에 뉴스나 패션, 문화계 소식 등에 관한 이야깃거리를 생각하는 편이 낫다.

상대의 관심사를 파고들어라
⋮

대화를 어느 방향으로 진행해야 할지 몰라 당황스럽다면 동기를 만들면 된다. 『행복의 조건The Happiness Hypothesis』의 저자 조너선 하이트는 대화 분위기를 띄우는 가장 좋은 방법은 친절함과 감사함의 표현이라고 했다.

한 호텔 홍보 담당자는 직업상 낯선 사람들과 이야기해야 할 일이 많았다. 대화 소재가 떨어져 갈 무렵 한 가지 아이디어를 생각해 냈다. 손님들에게 레스토랑이나 전시회 정보 등을 알려주는 것이다. 이 방법은 손님들에게 도움을 주는 동시에 자신의 기분도 좋아졌다. 반대로 손님들에게 조언을 구하는 것도 좋다. "저희 고모가 요즘 시무룩하신데 뭘 선물하면 좋을까요?" 같은 질문도 괜찮을 것이다. 구체적으로 질문하면 상세한 답변이 돌아오며 대화가 풍요로워진다.

무엇에 대해 이야기하고 싶은가? 시간을 절약하고 무료함을 피하기 위해 우선 상대방이 무엇을 좋아하는지 파악해야 한다. 안테나를 세우고 상대방과의 공통 영역을 알아낸 다음 파고들어라. 미끼를 던지듯이 여러 화제를 던지고 나서 상대방이 편안해하는 것을 잡아라.

스포츠에 관한 화제는 사람의 성향을 알아보기에 매우 좋은 주제이고 대화에 활기를 주기도 한다. 영화 시상식 시즌이라면 그것에 대해 말해도 좋다. 영화 내용이나 시상식 참가자들의 의상, 혹은 울먹이며 수상 소감을 말하던 배우에 대해 이야기를 나눌 수도 있다. 그런 다음 문화적 관심사와 과시적인 소비 경향 등 새로운 주제로 대화를 이어간다.

서먹함을 없애라
:

대화는 대화 참여자들이 점차 새로운 것을 탐험하면서 확장되어야 한다. 속도 또한 중요하다. 너무 오래, 그리고 너무 중립적인 화제로만 일관하면 곧 지루해진다. 반면에 너무 열기 넘치는 대화를 지속하면 적대적인 결과를 낳을 수도 있다. 따라서 상대방을 매혹시킬 만한 보다 온화한 방법을 택해야 한다. 원활한 대화가 여의치 않아 보일 때는 친밀함을 이끌어내기 위한 다음의 단계를 활용해 보자.

- 예의를 갖춘다. (ex.안녕하세요?)

- 정보를 교환한다. (ex.어떤 일로 오셨나요?)

- 의견을 교환한다. (ex.이 음악 좀 독특하지 않나요?)

- 느낌을 교환한다. (ex.맞아요, 별로예요.)

신상에 관한 질문을 할 때는 상대가 예리한 질문을 선호하는지, 아니면 우회적인 질문을 선호하는지 파악하고 그에 따라 행동하면 된다. 가벼운 대화를 하는 이유는 즐거움을 얻기 위해서지만 너무 명확하게 선을 긋지는 말아야 한다.

초반의 활발한 분위기가 끝난 다음 "누구신가요?" 혹은 "여기 어떻게 오셨나요?" 같은 질문으로 기본 정보가 확인되면 분위기는 서서히 가라앉는다. 그런 순간에 서먹한 분위기를 깰 필요가 있다. 가장 효과적인 것은 웃기는 이야기다.

질문을 미리 준비하라

:

질문에 꼬리표를 달아줌으로써 내가 주의 깊게 관찰한 것을 대화의

가벼운 대화에서 피해야 할 주제들

① **일반화** : 지나치게 점잔을 빼며 일반적 이야기로 일관한다. 대화가 단절될 수 있다.

② **개인적인 강박관념** : 굳이 언급할 필요가 없다. 예를 들어 정말 날씬하고 예쁜 여자가 이렇게 이야기한다면? "사람들이 저한테 보기 좋아졌다고 말하는 게 싫어요. 제가 살쪘다는 거잖아요."

③ **불필요한 조언** : 잘생긴 서빙남이 내게 이런 말을 한 순간 호감이 확 떨어졌다. "과일을 주문하세요. 피부 미용에 좋아요."

④ **건강, 재산, 종교 문제** : 가벼운 대화가 아니더라도 알 수 있는 방법이 많다.

⑤ **자랑하기** : 내가 아주 멋진 사람이라는 걸 상대가 스스로 발견하게 하자.

⑥ **한탄하기** : 이 부분은 부연 설명이 필요 없을 듯하다.

⑦ **투덜거리기** : 향후 문제를 일으킬 소지가 있다. 상대방이 믿을 만한 사람인지 잘 모를 때는 금물이다.

⑧ **장난치기** : 상대가 나와 개그 코드가 똑같다고 어떻게 확신할 수 있을까?

⑨ **지나친 정보 전달** : 이런 경우 "이야기 다 하셨어요?" 같은 표현이 오간다.

⑩ **"그 옷 어디서 사셨어요?"라고 묻기(여자에게)** : 은근히 불쾌감을 주거나 자만심을 부추긴다.

포인트로 만들자. 예를 들어 "너무 멋진 저녁이에요. 안 그래요?" 혹은 "저로선 도저히 따라잡기가 힘들어요. 훌륭한 소설가가 너무 많아요. 안 그래요?"라는 식으로 은연중에 대답을 유도하면 상대방의 의견을 존중한다는 의미를 전달하는 셈이다. 좀 더 도발적인 의견은 어조를 조절해 완충할 수 있다.

질문할 때는 특히 목소리 톤에 신경 써야 한다. 자신의 의견에 동의를 구하는 질문이 때로는 상대에게 고역이 될 수 있다. 어느 쌀쌀맞은 요가 강사는 요가 동작이 형편없는 내 친구에게 다가와 이렇게 이야기했다고 한다. "전에 요가 배워 본 적 없죠? 여기는 중급반인데, 안 그래요?"

확신이 없는 상태에서 과감하게 이야기하는 것은 지혜롭지 못하다. 합리적인 의견이 없는 상태에서 과도한 표현을 쓰면 대화가 단절되기 쉽다. 대화할 때 중요한 것은 다음에 이어질 이야기나 질문을 미리 준비하는 것이다. 미리 다음 단계의 이야깃거리나 질문을 준비하면 적어도 온몸이 빨개질 만한 긴장감을 피할 수 있을 것이다. '내가 조금만 덜 수줍음을 탔더라면 그와 나의 공통 관심사가 무엇인지 알 수 있었을 텐데……. 내가 전시회에 대해 질문을 했더라면……. 만약 그랬더라면…….' 이런 식의 것들 말이다.

'글쎄요', '아니요'로 답하지 마라
:

1673년에 『공손함의 기술Art of Complaisance』을 쓴 익명의 저자는 이런 말을 남겼다.

대화할 때 사람들과 친해지는 가장 확실한 방법은 모든 불신을 떨쳐버리는 것이다. 그리고 그렇다는 사실을 스스로가 믿어야 한다.

한 편의 시를 예술로 만드는 요소는 무엇일까? 그 언어를 선택한 시인의 마음과 그 선택이 의미 있는 것이라고 느끼는 읽는 사람의 믿음, 바로 두 가지가 시의 언어를 하나의 예술로 만든다. 만일 뭔가를 생각하고 싶다면 그것은 이미 흥미롭다는 말이다. 그것에 흥미를 느낀 것이다.

왜 주의를 끌었는지 모르겠는가? 그렇다면 어떤 식으로든 그 이유를 추측해서 말해 보자. 다른 사람이 그 이유를 알 수도 있다. 마음을 열고 잘 살펴보면 자신에 관한 새로운 사실을 알게 될 수도 있다.

또한 친절을 베풀도록 노력해야 한다. '글쎄요'라는 말이 가벼운 대화에서 가장 곤란한 말이라면 '아니요'는 가장 안 좋은 말이다. 제임스 조이스가 문학계 동료 마르셀 프루스트와의 만남을 기억하며 이렇게 말했다.

프루스트가 내게 귀족 누구누구를 아느냐고 물었을 때 나는 "아니요"라고 했고, 여주인이 프루스트에게 율리시스의 무슨무슨 작품을 읽었느냐고 묻자 그는 "아니요"라고 했다.

대화란 본질적으로 상호작용으로 이루어진다. 누군가 응답하지 않으면 아무리 유창하게 떠들어도 소용없다. 내 말에 상대가 응답하지 않으면 둘 사이의 연결은 깨어진다. '아니요' 는 대화를 끊는 가장 좋은 말이다.

그렇다고 말 한마디 한마디에 모두 다 응답해야 하는 건 아니다. 대화를 통한 교류는 감성을 나누는 것이지 정보를 나누는 것은 아니기 때문이다. 중요한 것은 상대의 말 속에 담긴 초대의 목소리를 듣는 것이다.

정열적인 표현으로 상대를 휘감아라

긍정을 언어로 나타내라. 언어학자들은 정열적으로 말하는 사람들을 '듣는 사람을 고도로 휘감으며 말하는 사람' 이라고 부른다. 이런 정열적인 사람들이 즐겨 쓰는 표현은 다음과 같다.

- 솔직하고 강하며, 긍정과 강렬함으로 가득 찬 언어 (해야 한다, 할 수 있을 것이다)
- 뜻을 약화시키는 군더더기가 거의 없는 표현 (약간, 아마, 할지도 모른다)
- 인칭대명사와 관계대명사 (나, 우리, 나를, 우리 것)

'우리' 라는 단어를 쓰면 피드백 효과를 충분히 얻을 수 있다. 듣는 사람을 고도로 휘감으며 말하는 사람은 머뭇거리며 말하는 사람에게 영향을 주어 그들이 더 열정적으로 말하도록 만든다. 이것이 바로 사회적인 영향의 힘이다. 정반대인 사람들이 서로 끌리는 이유가

이 때문이다. 이와 대조적으로 듣는 사람을 잘 휘감지 못하는 사람끼리 만나면 공백이 아주 많이 생긴다. 그런 사람들은 농담을 하지 않고 대신 주제를 확장하거나 새로운 화제를 제시한다.

그들은 상대방이 말한 주제에서 벗어난 이야기를 하고, 어쩔 수 없이 새 화제를 제시하며 말 바꾼 것을 걱정한다. 그 결과 대화는 추진력을 잃어 앞으로 나아가지 못하고, 그들은 모든 사람에게 거치적거리는 짐이 된다.

상대방의 이야기에 귀 기울이지 않고 자기 말하기에 바쁜 무례한 거드름쟁이만큼이나 소심한 이야기꾼도 대화를 나누기 어렵다. 위의 두 경우에 해당하는 사람들은 이야기를 이어가는 사람을 힘 빠지게 만든다. 그들은 화제를 잇지 않거나 감정적인 관계를 확대 해석함으로써 고립을 자처한다. 내향적인 소통의 성향은 최악의 경우 한국의 어린 인터넷광들처럼 사람을 내향적인 인격 속에 가둬버린다. 그러나 누구든 우연한 마주침을 만족스러운 관계로 변화시키고 싶어 하기 때문에 이에 수반되는 사교적 위험이 증가하는 것이다.

그러니 위험을 최소화해야 한다. 관악기 연주자들이 악기의 취구를 어떻게 다루는지 주의해서 보자. 그리고 자신의 취구도 계속해서 카운터 너머 혹은 전화기 저편에 있는 사람에게 정답게 말을 걸도록 하라. 아니, 그렇게 해야 한다! 수줍음과 싸워 이겨야 한다.

폭탄을 마주했을 때

우리 주변에는 대화하기 껄끄러운 사람들이 분명 존재한다. 그들을 이름하여 '폭탄'이라 한다. 폭탄은 당신을 대화에 끼워줄 것이다. 그러나 그가 당신 말에 귀 기울일 거라는 기대는 하지 말아야 한다. 당신이 열변을 토하는 사이 그가 다음 공격을 준비하며 다가오는 소리를 들을 수 있을 것이다.

폭탄 분석

— 누가 무슨 말을 하든, 어떻게 말하든 폭탄들은 나름대로 불평거리를 찾아낸다. 의도가 무엇이든 상관없이 말이다. 그의 열정은 분노보다도 더 받아들이기가 쉽지 않다. 그가 내놓는 의견은 항상 공격적인 성향을 보인다. 폭탄과 맞닥뜨리는 것이 괴로운 이유는 자기 말이 무조건 옳다는 그의 주장을 참아야 하기 때문이다. 폭탄의 엄청난 자존심은 결국 스스로를 비극으로 몰아갈 위험성이 크다.

대응 전략

— 폭탄들은 사람들에 대한 자신의 감정을 조절하지 못한다. 그냥 한 걸음 물러서서 그의 주장 속에 담긴 모순을 확인시키고 그가 괴로워 몸부림치는 모습을 바라보자. 그렇게 하는 것이 불편하다면 그냥 그를 어린아이처럼 다루면 된다. 그 불쌍한 괴물에게 웃어주거나 그를 꼭 껴안아주자.

추가로 알아둘 점

— 　　　　　　대화와 감성이 쓸모없는 것이라는 믿음을 가진 폭탄은 어떤 모임에서도 환영받지 못한다. 그 괴물을 그저 재치를 날카롭게 만들어주는 연마석 정도로 생각하자.

요즘에는 교실에서든 술집에서든
듣는 능력이 부족한 사람이 자주 눈에 띈다.
과연 이 문제점을 개선할 수 있을까?

3장에서 우리는

- 대화를 잘 나누는 사람이 말 잘하는 사람일 거라고 생각하는가? 상대방이 내 말을 열심히 듣고 있는지 궁금한가? 그렇다면 이번 장에서 경청의 기술을 배우자.
- **Tip** : 미안하지도 않으면서 사과부터 하고 보는 사람을 대처하기 위한 방법이 제시되어 있다.

당신과 얘기하면 최고가 된 기분이에요!

상대의 속마음을 읽는 경청의 기술

3

루이 14세의 며느리 멘 공작 부인은 사교 모임 '로트와일러Rottweiler'에 대해 이렇게 생각했다.

나는 사교 모임이 정말 좋아. 모두가 내 이야기를 들어주고 나는 누구의 이야기도 듣지 않으니까.

그녀의 사교계 권세가 잠깐으로 끝난 것이 그리 놀랄 일은 아니다. 남의 이야기를 듣는 것이 별로 매력적이지 못하기 때문에 사람들은 아무래도 말하는 것을 우위에 두게 된다. 말하는 것이 대화의 힘을 측정하는 기준이라 착각한다. 듣는 사람이 깨지기 쉬운 그릇이라면 말하는 사람은 강력한 원기로 그 그릇을 채워야 한다고 생각한다.

대화를 방해하는 많은 요소 가운데 가장 문제가 되는 것은 대화를 잘 나누는 사람은 말을 잘하는 사람일 거라는 편견이다. 그러나 다행히도 그건 틀린 이야기다. 대화란 일방적인 것이 아니라 쌍방향, 혹은 여러 방향으로 이루어지기 때문이다.

말 잘하는 사람은 들어주는 능력이 더 뛰어나다
　⋮

18세기의 고급 매춘부 엘리자베스 아미스티드는 원래 매음굴 출신이지만 살금살금 상류사회로 들어가 고위급 정치가 남편을 얻었다. 그녀는 유혹과 표현의 기술을 이용하는 대신 '교감을 나누며 듣는 쪽'이 됨으로써 '남자가 스스로 우주의 중심에 있다고 믿게' 만들었던 것이다. 이런 대화법은 권력으로 다가가는 길이 될 수도 있다.

　다른 것은 몰라도 다른 사람이 이야기하도록 이끄는 것은 사회생활에서 아주 영리한 방책이다. 『예의 바른 대화법』의 저자 스테파노 과초는 이렇게 충고한다.

말을 더 줄이고 귀를 더 열어두어라. 사람들 속에서는 선의를 가져야 하며 다른 사람에게 호의를 베풀어야 한다. 아울러 예의 바르게 귀를 기울이고 즐겁게 말하도록 하라. 그러면 상대방이 나를 호의적으로 여기게 되고 서로가 대화를 경청하게 된다.

앞의 사례가 여자에게만 해당된다고 오해하는 사람을 위해 다른 예를 들어 보겠다. 어떤 부인은 글래드스턴과 디즈레일리 두 총리에게서 '말을 매혹적으로 잘하는 사람'과 '상대의 말을 잘 들어주어 마음을 훔치는 사람'의 차이점을 알아챘다.

식탁에서 글래드스턴의 옆에 앉아 있다가 나왔을 때는 그가 영국에서 가장 현명한 남자라고 생각했어요. 하지만 디즈레일리의 옆에 앉은 뒤로는 내가 영국에서 가장 현명한 여자라는 생각이 들었죠.

어느 쪽이 더 마음에 드는가? 간단히 말하면 무조건 귀를 기울이라는 말이다. 말을 하며 점잔만 빼는 것과 달리 경청은 대화의 창조적인 파트너이자 대화의 형태를 잡아주고 실수를 막아주는 것이다. 그리하여 상대방과 서서히 친밀해지면 대화가 이어지고 정보와 즐거움을 수확하게 된다.

듣기를 간과하는 주된 이유는 대화를 나눌 때 듣는 사람이 이야기에 주목하지 않거나 더 재미있어 보이는 쪽으로 쉽게 주의를 돌리기 때문이다. 하지만 역사학자 베네데타 크라베리가 말했듯이 중세 프랑스의 살롱 출입자들은 멘 공작 부인과 달리 대화를 '즐거움을 나누는 게임'으로 삼기 위해 듣기에 아주 힘썼다고 한다. 살롱 문화에서는 말하기보다 '들어주는 능력'을 더 중요하게 여겼으며, 그런 예절 바른 행동을 잘 익힌 정도에 따라 지혜가 뛰어난 사람인지 아닌지를 평가했다. 물론 당연한 이야기다.

말을 잘 들어주는 이들은 사람을 녹아들게 만드는 매력을 지니고 있다. 그들은 사람들이 무슨 말을 듣고 싶어 하는지 감각적으로 알기 때문이다. 듣기 싫은 잡음을 누그러뜨리는 것은 그들의 중요한 능력이다. 그 능력의 중심에는 사람들의 지갑을 열게 하거나, 투표를 하게 하거나, 마음을 유혹하는 기법이 자리 잡고 있다.

듣기 능력을 끌어올려라
:

요즘에는 교실에서든 술집에서든 듣는 능력이 부족한 사람이 자주 눈에 띈다. 과연 이 문제점을 개선할 수 있을까?

듣는 기술은 거의 학습하지도, 배우지도 않는다. 그러나 듣는 일이 지적 사고력을 활성화시킨다는 점에는 의심의 여지가 없다. 청각 장애아들은 수화나 입술 모양 따위로 뜻을 알아듣는 시화를 배우지 못하면 지능이 심각하게 손상된다. 다른 생물 종에서는 발견되지 않는 이러한 역동적인 기술은 그냥 가만히 있으면 습득되는 것일까? 그럴 가능성은 전혀 없다. 듣기는 수동적인 것이 아니라 능동적인 것이며 인간의 지적 능력과 밀접한 관련이 있기 때문이다.

아기들에게서 보편적으로 나타나는 옹알이는 본능적이며 말보다 우선하는 행동이다. 여러 연구에서 밝혀진 바에 따르면, 아기들은 무의식적으로 부모와 소리를 주고받으며, 빠르면 생후 4개월 무렵에도 자장가에 장단을 맞춰 깔깔거린다고 한다.

어른이 목소리를 높이거나 낮추고, 혹은 웅얼거리고 말할 때면 아기의 단련되지 않은 청각 피질이 그 소리를 파악하려고 음조와 음색을 과장되게 새겨 넣는다. 아기는 이런 소리의 홍수 속에서 각각의 소리를, 나아가 단어를 식별하는 법을 훈련하게 된다.

> ### TIP
> ### 귀에 숨어 있는 의미
>
> 귀는 단순한 소리의 통로나 패션을 위한 바늘꽂이가 아니다. 귀의 활용과 오용의 역사를 살펴보면 사회의 변화상을 상징적으로 알 수 있다.
>
> 고대 이집트인들은 자신들의 말에 귀 기울이지 않는 신과 군주의 무관심에 대항하며 청각기관을 중요하게 여겼다. 파라오의 조각상에는 백성에게 기꺼이 귀 기울인다는 뜻으로 귀가 거대하게 늘여져 있다. 고대 이집트의 상형문자에서 귀는 신의 청각을 상징한다. 신을 숭배하는 자들은 신의 귀를 빌려주십사 간청하는 기원을 담아 귀 조각품을 신전에 남겼다. 3000년 전에 프타 신에게 바치던 찬송시는 동판에 44개의 귀와 함께 새겨져 있다.
>
> 엘리자베스 1세의 무지개 초상화에는 좀 음흉한 의도가 담겨 있다. 67세에 자식이 없었던 엘리자베스 여왕을 신성한 젊음과 지혜로움을 갖춘 여인으로 묘사했기 때문이다. 초상화에서 여왕은 귀와 눈 모양이 수없이 박힌 망토를 두르고 있었는데, 이는 왕위 계승자가 정해지지 않았던 당시 이의를 제기하려는 자들에 대한 직설적인 경고를 암시하는 것이었다.
>
> 지난 세기에는 귀가 단절과 소외를 상징하며 공포의 원천이 되었다. 정신이 이상해진 빈센트 반 고흐가 사랑의 정표로 잘라버린 귓불, 영화 〈저수지의 개들〉에서 인질이 되어 잘린 경찰의 귀 등이 그러하다.

사실 말하기 전에 듣기를 배우기 때문에 이것을 분석한다는 것이 이상하게 여겨질 것이다. 하지만 우리는 듣기를 통해 자신의 생각을 또렷하게 표현하고, 지식을 창조하며, 다른 사람의 억양에 익숙해지고, 좋은 기분을 느낀다. 대화와 마찬가지로 듣기 능력 역시 개선될 수 있다. 또 악화될 수도 있다.

이론상 듣기는 두 가지 기술로 이루어진다.

- 전달 : 듣고 있음을 나타내기
- 탐지 : 뜻과 감정을 해석하기

탐지는 다시 여섯 가지로 나뉜다.

- 메시지 듣기
- 이해하기
- 기억하기
- 해석하기
- 평가하기
- 반응하기

그렇지만 여섯은 너무도 간략한 숫자다. 단어의 선율은 단어의 의미에 대한 감정 곡선을 만들어 가는데, 자폐증을 앓는 이들은 감성이 없기 때문에 대화를 따라잡기가 힘들다. 하지만 재치 있는 사람이라면 각기 다른 메시지를 쭉 훑어 넘기며 듣는다. 그들은 문맥과 느낌을 평가할 뿐만 아니라 말하는 사람의 동기와 개성, 과제, 분위기, 미숙함, 절제 등을 놓치지 않는다.

축구 경기 결과를 듣는 사람들을 연구한 보고서를 보면, 사람들 대부분의 해석 체계가 듣기에 얼마나 의존하는지 알 수 있다.

두 번째 팀의 이름이 불리자마자 결과가 어찌 되었는지 즉시 알게 된다(이겼는지, 졌는지, 비겼는지). 아직 득점 기록은 듣지도 않았는데 말이다.

듣기는 창조적인 활동이다

듣기를 창조적 활동으로 만들어 주는 요소에는 세 가지가 있다. 첫 번째는 플라톤의 표현대로 기억은 매끈한 석판 위에서 형상을 이룬다는 것이다. 메시지는 30초 이내에 자폭해 버린다. 30초 단기 기억 장치에 따라 진행되는 대화는 두뇌 엔진이 돌아가는 속도에 맞추어 재빠르게 형상을 이루다가 소멸된다. 그래서 우리는 방금 들은 이야기의 맥락을 잃어버린다. 두 번째는 듣기가 선택적이라는 것이다. 가까이 있는 사람의 소리가 더 크더라도 우리 귀에는 특정 소리만 들린다. 이른바 칵테일파티 효과라 불리는 현상이다. 세 번째는 아무리 원한다고 해도 모든 소리를 다 들을 수는 없다는 것이다. 전문가 진 애치슨은 이렇게 설명했다.

영어가 단어당 평균 네 가지 소리를 내고 1초에 5개 단어 속도로 말해진다고 가정하면 인간의 귀와 뇌가 1초에 20가지 소리를 처리한다고 예상할 수 있다. 하지만 그 시간에 이 정도 수치의 신호를 처리할 수 있는 사람은 없다.

우리의 뇌는 각 단어의 단위를 하나하나 다 흡수하지 않는다. 대신 소리를 찾고, 즉흥적으로 만들어내고, 그럴듯하게 꾸미며, 미리 추측한다. 이는 듣기가 우리의 마음을 얼마나 유연하게 만드는지, 그래서 마치 체조 선수처럼 우아하게 결론에 이르도록 어떻게 도와주는지를 알려준다. 때때로 다른 사람의 입에서 막 나오려는 단어를 간파해 그 소리가 입 밖으로 나오기 전에 무심코 대꾸하는 놀라운 경우도 있지 않은가?

우리는 나름대로 해석하며 듣는다
⋮
듣기는 집안일처럼, 실행하기보다는 게을리하기가 더 쉽다. 어떤 대단한 교섭도 고된 듣기 작업을 거치지 않고는 결론을 얻을 수 없다.

소설가 킹즐리 에이미스가 "나는 내 아들을 망치로 쳤다I hit my son with a hammer"라고 말하자 작가 존 모티머는 무슨 엄청난 일이 일어난 줄 알았다. 검푸른 멍이 든 것은 킹즐리 에이미스의 엄지손가락이지 그의 아들이 아니었다. 존 모티머는 '엄지손가락thumb'이라는 단어를 '아들son'로 잘못 알아들은 것이다.

이런 '사고'는 늘 일어나게 마련이다. 우리는 어떤 말을 듣고 혼란을 느낄 때면 비범하고 때로는 놀랄 만한 능력으로 그 혼란을 합리화해 해소하고는 한다. 이는 1967년 실시한 '대안 심리요법' 실험으로 증명되었다. 실험 대상이었던 대학생들이 질문을 하면 다른 방에 있던 치료 전문가들이 질문에 대해 '예' 또는 '아니요'라고 대답해

TIP
적극적으로 듣는 법

잘 듣고 있다는 반응을 보이면 흥미가 발산되어 대화가 활발해진다. 잘 듣고 있다는 신체적 신호로는 이런 것이 있다. 말하는 사람을 쳐다보고, 눈을 맞추고, 고개를 끄덕이고, 웃고, 표정에 감정을 불어넣는 것이다.

무리 안에 있는 한 조용한 사람에게 기대에 찬 눈길을 고정시켜 보자. 그 사람 입에서 어떤 이야기가 막 나올 것처럼 말이다. 그 사람이 입을 열기까지 시간이 얼마나 걸리겠는가?

소리 내어 적극적인 행동도 보여야 한다. '와, 정말? 아니겠지!' 이런 말을 적절히 사용하면 강력한 효과가 발생한다. '대화 도중 끼어들지 말기'처럼 판에 박힌 대화 에티켓은 무시하는 것이 좋다. 적당히 끼어들면 대화의 흐름을 도울 수 있다. 예를 들면 다음과 같다.

- **지지하기** : 북돋워주거나 공감을 표현하기 위해(ex. 바로 그거야, 훌륭해)
- **부분 일치** : 서로의 생각이 함께 유쾌하게 흐를 때
- **요약** : 의미를 명확히 하고, 정확한 메시지를 들었는지 확인하기 위해

주었다. 그런데 사실 치료 전문가는 없었고 실험 요원들이 무작위로 '예'와 '아니요' 중 어떤 대답을 할지 미리 결정해 놓았다. 그 결과 한 학생은 여자 친구와 계속 사귈지를 묻는 말에 처음에는 '아니요', 그다음엔 '예'라는 대답을 들었다.

비록 그가 '예'라는 대답에 놀라움을 표현하며 '아니요'라는 대답을 기대했다고 말했지만, 그다음에는 이런 모순을 쉽게 이해시켜 주는 패턴을 찾았다. 학생들은 그 대답에 많은 의미가 있었다고 진술했다.

사실 무작위로 제시된 '예'나 '아니요'에는 아무런 의미가 없었음에도 불구하고 학생들은 그 대답을 나름대로 의미 있게 해석한 것이다. 우리는 임의의 데이터에서 의미 유형을 찾는 데 최고의 능력을 갖고 있다. 이는 한 실험에서도 증명되었다. 명시 선집에서 무작위로 추려낸 문장으로 시를 창작하는 테스트였다. 이런 해석적인 창조력이 예술의 개념을 파괴할까? 천만의 말씀이다. 해설자가 없으면 모든 의미, 모든 예술은 허공과 같은 법이다.

이런 관점에서 보면 모든 예술 활동은 공동 작업이다. 창작자와 관람자 사이의 대화, 작가와 독자 사이의 대화인 것이다. 그리고 대화의 즉흥성은 분명 최고의 공동 예술 작업이다. 우리가 얼마나 창의력이 풍부한 존재인지 정말 인상적으로 다가오지 않는가?

상대방이 진짜로 듣고 있는 걸까

：

상대가 잘 듣고 있는지 늘 분명하게 알 수 있는 것은 아니다. 한때 나는 듣는 것을 따분한 일이라 여겼다. 대학에서의 첫날밤이었다. 술집에서 무미건조한 두 결정학자結晶學者 사이에 끼어 앉아 있던 나는 김빠진 대화에 집중한다기보다 그냥 자리를 채워주고 있었다. 고개를 계속 끄덕이고, 웃어주고, '정말?' 같은 말을 해야 하는 건 아닐까 고민했다. 그러다 나도 대화에 동참하고 싶었다.

하지만 귀찮은 마음이 들어 새로운 화제를 찾지 않고 그 상태가 만족스러운 척했다. 이렇게 주의력이 산만해 있다면 어찌 소통이라 하겠는가. 제인 오스틴은 신랄한 편지로 두 여자를 조롱하지 않았나.

그들은 '대화'라고 부르는 용무를 보느라 온 시간을 다 보냈다. 그러나 서로 의견을 교환하지도 않았고 종종 화제가 비슷하지도 않았다. 소르페 부인은 계속 자녀 이야기를 했고 앨런 부인은 계속 자기 드레스 이야기를 했기 때문이다.

상대가 마음속으로는 자신의 일을 생각하면서 귀만 빌려주고 있다는 기분이 들면 좋겠는가? 그러나 그런 기분이 든다 해도 대부분은 근거가 없다. 왜냐하면 보기엔 딴 일에 신경 쓰고 있는 듯해도 실제로 꼭 그렇다는 보장은 없으니 말이다.

자신이 얼마나 잘 듣지 않는지도 알아야 한다

⋮

들으면서 잘 반응하는 사람은 자신의 감정을 드러내면서도 언제 감춰야 하는지를 잘 알고 있다. 그런데 정말 그럴까?

1960년대에 컴퓨터 개척자 요제프 바이첸바움은 '닥터 Doctor'라는 소프트웨어 프로그램을 만들었다. 이 프로그램은 심리요법을 적용해 환자 말에 질문 형식으로 즉시 대답해 준다.

> **사용자 : 저는 요즘 좀 우울해요.**
>
> **컴퓨터 : 자주 우울합니까?**
>
> **사용자 : 네, 거의 항상 우울해요.**
>
> **컴퓨터 : '자주'가 아니라 '거의 항상'이라면서 왜 '네'라고 말하나요?**
>
> **사용자 : 지금 저는 울어버릴 것만 같아요.**
>
> **컴퓨터 : 지금 울어버릴 것만 같아서 나를 찾아왔나요?**

어느 날 아침 바이첸바움은 깜짝 놀랐다. 비서가 컴퓨터 앞에 꼼짝 않고 앉아서 닥터 프로그램의 투박한 모방적 대답에 자신의 슬픔을 풀어놓고 있었기 때문이다.

나는 비서의 마음을 이해할 수 있다. 우리는 이해받고 있다는 느낌을 좋아하며 또 그럴 필요가 있기 때문이다. 우리의 고독한 상태를 희석시키기 위해서다. 그래서 상대가 반응을 보이면 그가 내 말을 잘 듣고 있다고 믿어버린다. 나는 사이비 닥터 프로그램이 비서를

수준	듣기 형태
6	기분 · 경험을 나눔
5	감정의 타당성을 확인함
4	화제를 따라감
3	인정함
2	절대적인 인지(그러나 화제를 바꿈)
1	형식적인 인지(무의식적 인지)
0	거부 · 반박

공감을 나누는 대화 부호 시스템

농락했을 수도 있다고 여기다가 결국 이런 생각에까지 이른다.

상대가 내 말을 잘 듣고 있는지 걱정하고 궁금해하면서도 자신의 걱정을 상대와 공유하려는 마음, 즉 인간의 수많은 복잡성은 어쩌면 실체가 없이 텅 비어 있으며 우리는 단지 자신에게만 의미심장하고 불가사의한 반응을 보이는 존재에 불과할지도 모른다는 것이다.

현대인은 이런 두려움의 전염병에 걸려 있다. 그리고 고해신부나 심리 치료사처럼 전문적으로 귀를 빌려주고, 공감을 나누며 믿음을 주는 사람에게 이야기하려고 한다. 그들과 맺은 우정은 위험을 무릅쓸 필요가 없으며, 상대의 이야기를 들어주며 걱정거리를 떠맡을 필요도 없다. 이쯤 되면 인간관계의 막장까지 온 것이다. 친구와 나누는 비옥한 인간관계와 비교하면 말이다. 매우 사적인 관계지만 대화의 뿌리를 내릴 수가 없으니 대화가 우울한 방향으로 이어질 가능성이 농후하다.

닥터 프로그램의 경우에서 알 수 있듯이 공감을 얻어내는 기본 수

공감하는 척하는 말의 속뜻

"그대, 충고하지 말지어다." 이는 사마리아인의 구원 문구 중 비공식 계율에 해당하는 말이다. 충고는 듣지 않기 위한 최고의 전략이다. 그리고 겉으로 공감하는 척하는 말 이면에는 듣기 싫은 말을 끝내거나 비난하려는 의도가 숨어 있다. 공감하는 척하는 말의 속뜻을 알아보자.

공감하는 척하는 말	그 말의 속뜻
"저런, 안됐다!"	➡ 또 희생양이 됐군. 그만하면 왜 당하는지 파악할 때도 되지 않았나?'
"너, 전쟁 중이구나!"	➡ '왜 계속 싸움을 걸지?'
"그래, 내가 ~를 했을 때."	➡ '내가 가장 좋아하는 주제 (내 이야기)로 돌아가자.'
"~에게도 그런 일이 있었어."	➡ '너만 문제를 안고 사는 게 아니야!'
"그 애가 그랬을 리 없어!"	➡ '과장 좀 그만해.'
"네가 왜 그렇게 느끼는지 알겠어."	➡ '너 어쩌면 상식에서 벗어난 거 아니니?'
"내가 너라면 ~할 거야."	➡ '휴, 내가 아니어서 정말 다행이다!'
"끔찍하다."	➡ '그만하면 충분해.'
"난 이해해."	➡ '그러니 이제 20분 동안 쉬자.
"왜 그렇게 말했다고 생각해?"	➡ '거울을 봐, 이 사람아.'
"그거 힘들었겠다."	➡ '하지만 잘 봐. 난 과거형을 썼어. 그만 다른 이야기 하자.'
"다음번에."	➡ '제발, 다른 화제는 없니?'

단에는 정말 쉽게 접근할 수 있다. 그러나 의미 있는 공감을 나누려면 상상력이 필요하다.

듣기의 정도는 '공감을 나누는 대화 부호 시스템'으로 측정해 왔다. 이 시스템은 의사들이 얼마나 잘 듣는지 평가하기 위해 고안된 것으로, 말로 하기보다 행동으로 보여주는 것을 더 높이 평가한다.

마음을 열어두면 상대방이 말하는 동안 자기 내면의 비판적인 자아를 붙잡아둘 수 있다. 이론상으로는 그렇다. 그런데 실제로는 어떨까? 듣기는 선택과 창작의 과정이므로 수시로 주석을 다는 내면의 목소리를 들으면서 마음을 정돈하기는 사실상 어렵다.

이를 개선하려면 자신이 어떻게 듣는지 돌아봐야 한다. 나는 다른 사람 말을 끝까지 듣는가? 또는 나도 공감한다는 걸 알리고 싶어 상대의 말을 끊고 입을 열기 일쑤인가? 또 자신이 얼마나 잘 듣지 않는지도 알아야 한다. 다른 사람이 한 말에서 어떤 메시지를 찾으려다 보면 눈을 끔뻑이며 추측하게 되는데 그러다 보면 잘못된 추측을 하기 마련이다.

대화도 음악과 마찬가지로 근본을 알아내기보다는 틀린 음정을 찾아내기가 더 쉽다. 우리의 지적 능력은 비판, 편견, 넘겨짚기에 놀라울 정도로 유능하다. 그러나 감정을 억제하는 게 우리에게 더 많은 도움이 된다. 이를테면 짜증이 났을 때 바로 다른 사람 탓으로 돌리지 않고 왜 화가 났는지 알아내려고 잠시 멈추는 것처럼 말이다.

감정의 롤러코스터를 따르자

:

스포츠 에이전트 마크 매코맥은 야심만만한 거물들에게 강조했다.

사람들이 들려주는 이야기가 아닌, 그들이 실제로 무엇을 말하는지 들으세요.

말에는 화살처럼 힘과 목표를 관통하는 영향력이 있다. 그렇지만 듣는 사람이 말이 어디에서 오고 어디를 겨냥하는지 설명할 수 있어야만 그 화살촉이 올바른 목적지로 간다. 그리고 대화 방식이 다르면 화살이 다른 방향으로 나아갈 수 있다. 오해가 생기면 서로 충돌할 수 있다는 말이다.

담화 분석가 데버러 타넨에 따르면, 손가락을 모아 상대의 눈을 찌를 것 같은 제스처를 취하면서 질문 공세를 중단하는 행동에 대해 뉴욕 사람들 대부분은 우호적 실수로 여기지만 캘리포니아 사람들은 과격한 행동으로 여긴다고 한다. 그러니 판단은 잠시 미루고 대화를 나눌 때 다음 사항에 유념하라.

- 감정으로 인해 상대방이 말하는 내용과 내가 듣는 내용이 얼마나 달라지는가
- 상대방의 말이 숨겨진 의도를 담고 있는가
- 상대의 출생지와 개인적인 스타일

  ('하느님 맙소사'가 그에게는 신성모독이 아닐지도 모른다.)

숨겨진 의도를 벗겨내는 X-ray 듣기

철학자 J. L. 오스틴은 말을 가리켜 '3차원의 입체'라고 했다. 말에는 단어의 느낌, 그 느낌이 함축하는 의미, 말하는 사람의 숨겨진 의도가 담겨 있기 때문이다. 이를 바탕으로 '엑스레이 듣기'를 할 수 있다. 예를 들어 "마리 앙투아네트가 케이크를 몽땅 다 먹었어."라는 말을 들었다고 치자. 이제 마음속으로 그 메시지를 크림 입힌 3단 케이크라고 상상하라. 꼭대기 층은 메시지의 뜻(말하는 사람이 말한 그 자체)이고, 가운데 층은 말하는 사람의 마음속에 있는 의견, 맨 아래층은 말하는 사람의 은밀한 의도다.

X-ray 듣기

- 크림 : 마리 앙투아네트가 케이크를 몽땅 다 먹었다.
- 꼭대기 : 욕심 많은 마리 앙투아네트는 뚱뚱해 보인다.
- 가운데 층 : 뚱뚱한 것은 보기 좋지 않다.
- 아래층 : 그녀 때문에 기분이 언짢다. 당신도 나처럼 화가 나길 바란다.

이 이야기 마지막에는 질문이 떠오르게 된다. 이 사람은 왜 이 말을 할까? 이에 대한 대답은 문맥을 보는 관점에 따라 달라진다. 나는 이런 상상을 한다. 깽마른 여자가 "마리 앙투아네트가 케이크를 몽땅 다 먹었어"라고 말하자, 그녀의 풍만한 가슴에 정신없이 눈길을 주던 남자가 대답한다. "그냥 먹게 내버려 둬." 마리 앙투아네트에게 케이크 조각을 직접 담아줄 수 있기를 바라면서 말이다.

• 상대방의 말이 지금까지의 대화와 얼마나 관련이 있는가

그리고 음색과 음조, 자세, 표정, 몸짓이 암시하는 감정의 롤러코스터를 따르도록 해보자.

생략된 말까지 들어라

책임감 넘치는 심리 치료사들은 환자의 말에서 단절과 잘못을 찾아내고, 단순히 성격상의 문제점을 고치기보다 긴장과 마찰을 찾아내 고통의 숨겨진 원인을 분석한다.

어떤 상황에서든 귀를 기울여 모순과 불합리한 추론의 내부에 자리한 것을 간파한다면 더 깊이 이해할 수 있다. 문제를 발생시킨 오해의 핵심을 확인하고 마음의 어느 부분이 비틀렸는지 밝힐 수 있도록 상세하게 말하는 것도 도움이 된다.

실제 상황에서 모순된 말을 들으면 풀어버리는 것이 좋다. 이를테면 운항을 취소한 항공회사가 '비행기 운항이 취소되었다고 해서 당신이 죽는 것은 아니니 보상할 의무가 없다'고 주장하는 경우에 그렇다. 그럴 때 그냥 그것을 받아들이면 건강에도 도움이 된다. 말투에도 유의해야 한다. 말투는 살아 있는 자서전이다. 새 남자 친구가 허튼소리만 하고 판에 박힌 말과 욕설만 지껄인다면 어떨까? 잠재 고객이 당신을 얕보는 듯한 말투로 말한다면 일이 제대로 추진될까?

생략된 말에도 유의하라. 부동산 중개인이 말없이 어물쩍 넘어가는 것은 무엇인가? 자동차 판매원이 자꾸 디자인 이야기를 하면 성능에 관해 꼼꼼히 다시 묻도록 하라.

효과적으로 듣는 사람이 대화의 주도권을 쥔다

⋮

리얼리티 쇼 '빅 브러더Big Brother'에 출연한 지지 장마리에가 경쟁자 샤넬에게 '그만 끝냈으면 좋겠다'고 말했을 때 샤넬은 이렇게 되받아쳤다. "이 대화를?" 결국 지지가 샤넬을 탈락시키는 데에는 한 주가 더 걸렸다.

샤넬의 대답은 쥐덫처럼 빠른 대답이 얼마나 효과적으로 질문의 뜻을 한정시킬 수 있는지 증명한다. 말하는 사람이 그것을 의도했든 아니든 상관없이 말이다. 그리고 부연 설명을 하면서 자신의 견해를 은근슬쩍 바꿔서 말하면 상대는 만족스럽게 고쳐진 견해를 자신의 것으로 오해하게 된다. 이렇게 되면 급물살을 탄 대화는 내가 가고자 하는 곳 어디로든 가게 된다.

이런 이유로 17세기 프랑스 우화 작가인 라퐁텐은 숙련된 대화자를 '각기 다른 꽃에서 똑같이 꿀을 가져와 모으는 꿀벌'에 비유했다. 효과적으로 잘 듣는 사람은 자신이 무슨 말을 하고 싶은지 분명히 알고 대화의 조절 장치 위에 손을 얹어둔다. 대화를 조절하는 능력을 갖게 되면 나쁜 소식을 전달하더라도 위험을 피할 수 있다. 사업

컨설턴트 릭 허트너가 고객을 다룰 때처럼 말이다. 그는 관계를 만들고, 잘 들어주고, 자신의 생각에 익숙해지도록 훈련시키는 질문을 함으로써 고객이 불쾌한 진실을 받아들이도록 만들었다.

나는 그들이 주는 모든 정보를 존중한다. 그들이 삶에서 정말 원하는 것이 무엇인지 듣는다. …(내가 하는 일은) 정말로 잘 듣고, 또 듣고 계속 듣는 것이다. 그리고 적당한 때 대화에 뭔가를 추가한다. 그러고 나면 변화가 일어난다.

도전적인 말을 하기 전에는 숙련된 대화법으로 다른 사람 입에서 그 말이 나오도록 설득할 수 있는지 살펴봐야 한다. 숙련된 대화법은 다음과 같다.

- 들어라.
- 말하는 사람이 말을 끝냈다는 확신이 들 때까지 기다려라.
- 질문하라.
- 요약하라.
- 공감하라.
- 필요하다면 다른 견해를 제시하라.

그런데 입을 꾹 다물고 있는 것도 그다지 나쁘지 않다. 팝 아티스트 앤디 워홀은 늘 떠들썩한 뉴스를 달고 다니기는 했지만 잘 듣는 것의 힘을 이해했다. 가수 데버러 해리는 그에 대해 이렇게 말했다.

"그는 정말 잘 들어줬어요. 그 부분에는 정말 천재적이죠. 그는 모든 이야기에 빠져들었고, 말을 너무 많이 하지 않는다는 원칙을 꼭 지켰어요. 그건 기술이에요."

'듣는 사람의 미덕은 침묵을 소중히 하는 것'임을 일깨워주는 일화다.

사과를 일삼는 사람들

그녀는 정말 미안하게 생각했다. 그녀가 늦는 바람에 여러 가지를 망쳐버렸다. 저런, 그녀는 와인, 초콜릿, 꽃다발만 가져오고 치즈는 가져오지 않았다. 그리고 딱하게도 78년산 라피트는 다 나가서 75년산에 만족해야 했다. 너무나 오래되어 라벨이 벗겨지고 온통 더러운 먼지가 묻은 와인은 정말 끔찍하지 않은가? 그리고 장미꽃은 다음 주면 꽃잎이 떨어져버릴 것 같다. 그녀가 깔끔한 관목을 가져왔더라면…….

폭탄 분석

— 사과를 일삼는 사람의 집에서 차를 마시려면 마음을 굳게 먹어라. 그녀가 진수성찬(유니콘 모양의 초콜릿 과자뿐이지만)을 내오며 무화과 빵에 난 비대칭 구멍에 대해 궤변을 늘어놓으면 한 대 치고 싶은 충동을 느낄 수도 있다. 사과를 일삼는 사람들은 편집증을 가지고 있다. 또 조금 이기적이다. 그녀는 집요하게 완벽을 탐색하면서 상대가 느끼는 불안과 고통은 안중에 없다. 자기 비하가 자랑으로 반전된 것도 느끼지 못하면서 강제로 다른 사람을 안심시키려 한다. 그것은 진심이 전혀 담기지 않은 위선이다.

대응 전략

— 사과를 일삼는 그녀에게 마음이 쓰인다면 그녀의 가학-피학성 보상

시스템에 끌려가지 않도록 해야 한다. 그리고 그녀를 해방시켜 줄 사죄 영역을 봉쇄하라. 그녀가 사과를 시작하면 웃으며 화제를 돌려라. 그녀를 사랑하지 않을 경우 이 같은 전략이 적합하다. 그렇지 않으면 그녀는 당신을 돌아버리게 할 것이다.

추가로 알아둘 점

—   격노하기. 하지만 당신을 화나게 만든 상대에게 불쾌한 존재가 되는 것이 사실은 얼마나 껄끄러운 일인지 그들이 입증한다. 이를 잘 기억해 두면 당신이 곤란해졌을 때 유용한 책략으로 써먹을 수 있다. 하지만 마음 따뜻한 사과쟁이도 있으니 그들과 곪아터진 위선자들을 혼동하지는 말자.

당신은 하고 싶은 말을 억제하는가?
아니면 그런 사람들 때문에 절망하는가?
당신이 아무리 활발하게 재잘거려도,
당신이 아무리 매력적이라 해도
이따금씩 대화에 수직 하강기류가
찾아드는 것은 불가피하다.

4장에서 우리는

● 말하는 게 피곤하다고 느껴질 때, 효과적으로 말하지 않는 법을 배울 것이다. 아무 의도 없이 말을 멈추는 것만으로도 어떤 메시지를 전달한다는 것 또한 배우게 될 것이다.
● **Tip** : 끊임없이 말하는 사람, 아무 말도 하지 않는 사람에게 대처하는 비법이 제시되어 있다.

4

쉿!

말하지 않고 말 잘하는 사람이 되는 침묵의 힘

이집트 파라오가 아테네의 민주정치 창시자인 솔론에게 제물로 동물을 보냈다. 그는 그리스의 유명한 현인을 시험할 기회라 여겼다. 솔론에게 동물의 부위 중에서 가장 좋은 부분과 나쁜 부분을 판단해 보내달라고 했다. 솔론이 흔쾌히 두 부분을 가려서 돌려보냈을까? 그가 돌려보낸 부분은 하나였다. 바로 동물의 혀.

당신은 하고 싶은 말을 억제하는가? 아니면 그런 사람들 때문에 절망하는가? 당신이 아무리 활발하게 재잘거려도, 당신이 아무리 매력적이라 해도 이따금씩 대화에 수직 하강기류가 찾아드는 것은 불가피하다. 대화에 그 하강기류가 꼭 필요한 것인지 치명적인지는 논쟁의 여지가 있을 것이다. 그런데 말에 대해서도 논쟁이 있기는 마찬가지다.

말은 오해의 씨앗이 될 수 있지만, 침묵은 서로가 용납하는 선에서는 아무런 문제를 일으키지 않는다. 침묵은 자제심을 필요로 하며 곰곰이 되새겨 볼 기회를 마련해 주기 때문이다. 또한 긍정이든 부정이든 한쪽으로 치우치지 않고 양다리를 걸치고 있기 때문이다. 불교도들은 말에서 자유로워짐으로써 더 높은 깨달음에 이른다. 그러나 오늘날에는 침묵에 대한 부정적 관점이 우세한 편이다.

삶은 점점 더 시끄러워지고, 그럴수록 사회적 고립은 극도로 심화되고 있다. 이로 인해 사람들은 점점 더 얼굴 맞대고 말하는 것을 피하게 되었다. 또한 침묵의 가치도 점점 저평가되고 있다. 조용한 시골에서 자란 사람보다 열광적인 도시에서 거주하는 사람이 훨씬 더 침묵을 두려워한다. 내가 보기에 사람들이 침묵을 적대시하는 것은 다소 역설적이다. 누군가가 말을 많이 하지 않으면 그 사람에게는 침묵이 더 편할 거라고 생각할 수도 있으니 말이다. 그러나 역설적이기는 해도 이 역시 그럴 만하다. 대화의 미묘함을 읽어내는 우리의 능력이 점점 더 쇠퇴하고 있기 때문이다. 선입견은 확실히 무서운 것이다.

한 연구 조사에 따르면 말할 때 우물쭈물하는 사람은 일반적으로 자신감 없는 것으로 여겨진다고 한다. 아니면 화가 났거나 슬프거나 교활하거나, 좀 모순되기는 하지만 강인한 사람으로 여겨지기도 한다.

쓸데없는 말보다는 침묵이 낫다

⋮

사람들은 침묵을 두려워하면서도 침묵의 힘을 움켜쥐려고 한다. 미국의 '조용한' 대통령 캘빈 쿨리지는 거드름을 피우며 대화를 피하곤 했다. 그가 타계했다는 말을 듣고 시인 도로시 파커는 "그걸 어떻게 알죠?"라고 물었다. 그가 워낙 말이 없는 사람이니 살았는지 죽었는지 분간하기 어려울 거라는 말이었다.

개인주의 사회에서는 자기 홍보가 거의 필수적이다. 그래서 이 게임을 하지 않는 사람은 다른 누구보다도 뛰어나 보일지 모른다는 불안감을 조성하기도 한다. 조용한 사람들은 정말 친절한 사회에 위협이 될까? 외로운 사람들은 침묵을 가장 두려워하며 어떤 말로 침묵의 순간을 모면할지 걱정한다는 연구 결과에서 보듯 자신감 없는 사람은 자신의 대화 스타일을 옭아맴으로써 문제를 악화시킨다. 그들은 질문하고 의견을 제시하는 것을 너무 두려워하며 이런 내향적인 대화 습성 때문에 침묵을 지키고 있을 가능성이 더 크다.

조용한 사람이 대화하는 것을 두려워하는 가장 큰 이유는 아마도 의도하지 않은 말이 튀어나오지 않을까 하는 걱정 때문일 것이다. 나도 그런 경험이 있으니 내 말을 믿어도 좋다. 내 전임 편집장은 조용한 성격이었다. 일을 마친 그가 웬일인지 사무실을 한 바퀴 돌고 있는 사이 나는 대화의 공백을 메우려는 필사적인 마음으로 얼토당토않은 이야기를 늘어놓기 시작했다. 경쟁사 편집장이 하얗고 뾰족한 로퍼를 신는 괴상한 취향 때문에 최근 관상동맥 질환을 앓게 되었다는 이야기였다. 그러고서 나는 아래를 흘끗 내려다보았다. 내가 상사의 발에서 무엇을 보았겠는가? 그렇다. 침묵은 금이다.

침묵으로 말하라
:

우리는 무언의 뜻을 해석하기 위한 각자의 개인 사전을 하나씩 가지고 있다. 그리고 내가 아무 의도 없이 잠시 말을 멈춘다고 해도 듣는 사람이 그것을 의미 있게 해석한다면 침묵은 어떤 메시지를 전하는 셈이다. 침묵 때문에 감정이 상하거나 혼란스러워질 가능성이 높다는 말이다. 침묵은 체스 판의 여왕처럼 다용도의 소통 도구다. 벤저민 프랭클린이 한 말을 잘 들어보자.

모든 무의미한 말에 대해 설명해야 하는 것처럼 모든 무의미한 침묵에 대해서도 설명해야 한다.

침묵을 아무것도 말하지 않은 것으로 생각할지 모른다. 그러나 침묵은 대화의 중요한 부분이다. 지구는 대부분 바다로 둘러싸여 있으니까 지구를 바다라고 부르는 게 옳다는 식의 수학적 화법으로 따지자면, 대화는 침묵이라고 불러야 할지도 모른다. 다른 사람이 말하도록 잠시 말을 끊는 동안과 주의를 끌기 위한 침묵을 제외해도 평균 대화의 40~50%를 침묵이 차지하니까 말이다.

침묵은 말 바깥에서 배경, 틀, 신호 역할을 한다. 대본이 적힌 부분의 바깥을 둘러싼 여백, 강조하기 위한 신호 또는 확실하지 않은 부분에 대해 세세하게 적어둘 공간 등. 그리고 말 안에서는 의미를 만들거나 감추기 위한 소통의 단위 또는 구두점의 단위가 될 수 있다.

대화 미식가라 할 수 있는 프랑스의 고전 작가 라로슈푸코는 '능변'과 '조롱'과 '존중'의 침묵을 구분했다. 그러나 침묵은 본디 좋은 것도, 나쁜 것도 아니다. 때때로 공감을 표현하고 좋은 대화를 이끌지만, 침묵으로 인해 혼돈과 거리감이 생길 때도 있다. 게다가 방패로서, 무기로서, 또는 다른 사람이 말하도록 용기를 북돋워줌으로써 침묵이 힘을 지닐 때도 있다. 하지만 침묵에는 결코 꼬리표가 붙지 않는다. 그리고 각각의 경우가 다 다르기 때문에 침묵은 더욱더 모호해진다.

우리는 신중하게 '대화를 생략함으로써' 새로운 생각을 탄생시키고, 재치를 연습하고, 웃음을 끌어내고, 상황을 극적으로 만들고, 사람들을 흥분시키고, 가격을 올리거나 내릴 수 있다. 그 어떤 빠른 말보다 더 빠르게 말이다. 10세기에 수도사 아엘프릭 바타는 수련생을 이렇게 꾸짖었다.

수다스럽고 말이 너무 많은 것은 어리석은 행동이다. 신은 수다스럽거나 군말이 많은 것을 지긋지긋하게 여기신다.

말을 멈추면 새로운 의도가 생긴다

:

어느 불만 가득한 대학교수는 말이 매끄럽게 흘러나오면 거짓말을 한다고 생각한다.

(말은) 미리 연습했거나 말하는 사람이 습관처럼 반복하는 수많은 문구를 줄줄이 꾀는 일이다. 내 방 창문에 돌을 던진 일곱 살 꼬마의 어머니가 빠르게 쏟아내는 말처럼 말이다. "정말 죄송해요. 지금까지 이런 적이 없었는데 어찌 된 일인지 모르겠어요. 늘 착하고 조용한 아이였는데 정말 이상하네요."

말을 더듬는 사람에 대한 일반적인 불신에도 불구하고 언어학자들은 머뭇거림을 '뛰어난' 자발적 발언의 표시라고 평가한다. 수면을 출렁이게 하는 지느러미처럼, 머뭇거리는 동안 생각을 긁어모아 머릿속에서 회전시키는 것이다.

그러니 말하는 사람이 자꾸 머뭇거린다 하더라도 편견을 갖지 말자. 울타리를 치는 것보다 훨씬 나으니까 말이다. 그들이 띄엄띄엄 말하는 문장이 진실을 말하는 것일지도 모른다. 사실은 극도의 협잡꾼일 수도 있지만 말이다.

주의 깊게 들으면서 침묵을 지키면 많은 것을 알게 된다. 우리는 말할 때 두 가지 이유로 멈춘다. 숨 쉴 때와 머뭇거릴 때다. 그중 숨 쉬려고 멈추는 경우는 스무 번 중 한 번뿐이다. 말할 때는 호흡이 자동적으로 늦춰지기 때문이다수다쟁이들이 더 우둔한 것은 사실이다. 그들의 불쌍한 뇌세포가 산소 부족에 시달리지 않겠는가. 우리는 주로 생각하기 위해 잠시 말을 멈춘다. 이는 글쓰기의 구두점에 해당한다.

훨씬 많은 경우 머뭇거릴 때 말을 멈춘다. 그 비율은 보통 대화의 3분의 1 내지 2분의 1을 차지한다. 문장의 어느 부분에서든 머뭇거리면서 말을 멈출 수 있고, 이때 문법은 무시된다.

침묵으로 일관하던 사람이 주목을 끄는 재담꾼으로 여겨질지도 모른다. 항상 그렇다는 것은 아니지만 말이다. 몹시 꾀가 많은 프랑스 정치가 탈레랑이 밤에 잠자리에 들지 않고 자신의 경구를 마무리하고 있었다.

그는 종종 파티가 끝나도록 말 한마디 하지 않고 가만히 있고는 했다. 그런데 이따금 한마디씩 내뱉으면 사람들은 결코 그 말을 잊지 못했다.

잘 연마된 재치의 화살은 사냥용 총알 같은 명언보다 더 세게 찌르고 더 멀리 울려 퍼진다. 기억에 남는 말은 두고두고 곱씹게 되기 때문이다.

말하는 사람이 어떻게 휴지부를 조절하는지 유심히 살펴보자. 무대 감독이 배우들에게 대사를 일러주고, 의미를 명확히 하고, 극적인 요소나 긴장감을 높일 때처럼 말이다. 휴지부가 이런 뜻을 전달하는지도 모른다. '정말 중요한 일 아닌가요!' '진지하게 들어요!' 또는 말해지지 않은 이야기로 주의를 끌어서 듣는 사람이 대화를 채우도록 유도하는지도 모른다. 또는 말하는 사람이 화제를 바꾸려고 말을 멈추면서 채널이 바뀜을 알리는 것이다.

말하는 도중 자주 멈추면 다른 사람이 말하기를 기다린다는 의미다. 대화에 끼어들어야 할지 말아야 할지 확신이 안 선다면 다음 세 가지 법칙을 염두에 둬라.

- 다른 사람을 대화에 참여시키려면 다른 사람이 이야기를 시작할 수 있도록 말을 멈춰야 한다.
- 만약 아무도 응하지 않는다면 누구든 다음 이야기를 시작할 수 있다.
- 대화에 끼어드는 사람이 없다면 말하던 사람이 계속 말해도 된다.

침묵은 유혹적이다

1970년대 미국 학생들을 대상으로 한 '대기 시간' 연구 결과에 따르면 선생님이 학생에게 질문한 뒤 대답하는 시간을 몇 초 더 주면 학생들의 대답 수준과 참여도가 엄청나게 향상되었다고 한다. 학년말 시험 결과에서도 마찬가지였다. 또한 심리요법 평가에서도 최소한의 말로 진행하는 수업이 가장 효과적이라는 사실을 알아냈다.

이는 말을 멈추는 시간이 길게 지속될수록 상상의 나래를 훨훨 펼치기 때문이다. 급소를 찌르는 농담을 하기 전에 잠시 말을 멈추면 생각이 깊어진다.

음악의 생리학적 효능에 대한 조사에 따르면, 음악을 듣는 사람이 최고의 감동에 도달하는 순간은 박자가 느리게 진행되는 구간이 아니라 선율 속에서 침묵이 흐르는 지점, 즉 긴장이 풀릴 때라고 한다. 이는 침묵이 잠재의식에 얼마나 강한 영향을 끼칠 수 있는지를 보여준다. 또한 히틀러의 열변이 왜 그렇게 대중을 흥분시켰는지도 알 수 있다. 넋을 잃은 대중이 그가 말을 멈춘 사이에 그의 이야기가 옳기 때문에 환희를 느낀 것이라고 쉽게 착각하지 않았을까?

음악을 들으면 집중력이 떨어진다는 사실은 이미 잘 알려져 있지만 조용함이 사고력을 강화시킨다는 사실을 아는 사람은 거의 없다.

침묵은 사람을 신비롭게 보이도록 해주는 매력도 있다. 여배우 그레타 가르보나 모델 케이트 모스처럼 인터뷰를 거의 하지 않는 우상들은 침묵을 이용해 신비감을 불러일으킨다. 그리고 감정 표현에 서투른 남자에게 불만을 느끼는 여자들은 차라리 침묵하는 남자 앞에서 황홀해 한다. 그러니 말을 점차 사라지게 하는 매혹적인 기술을 연습하도록 하자.

말하는 중간에 휴지부를 좀 더 넣을 수 있는지 살펴보는 것도 좋다. 그렇게 하면 내 말이 더욱더 무게를 얻게 되고 나는 더 냉정해 보일 것이다. 침묵은 말을 강조하고, 기대감을 주며, 말의 중요성을 높이고, 속도를 느리게 조절하며, 시선을 끈다. 그리고 상대가 내 말에 더욱더 귀를 기울일 것이다.

불쾌한 질문에는 아무 말도 하지 마라

:

시인 알렉산더 포프는 침묵을 '바보들의 겉치레, 그리고 현명한 사람들의 속임수'라고 했다. 때때로 침묵은 매우 긍정적인 인상을 준다. 영화 제작자 케이트 필포트가 깨달은 것처럼 말이다.

나는 모임에서 말하는 게 너무 피곤해 그냥 아무도 주목하지 않기를 바라면서 웃거나 고개를 끄덕이고는 했다. 그런데 아이러니하게도 내게 잇따라 발언권이 주어졌고 사람들은 침이 마르도록 내 칭찬을 하며 다른 사람에게 나를 추천해 주었다.

이런 상황은 침묵이 얼마나 간단하게 상대방에게 말하도록 강요하는지를 보여준다. 이렇게 말하는 기회를 얻음으로써 정보와 통찰력을 얻는 것은 물론이고 자신감을 증명할 기회까지 얻게 된다. 힘겨루기 게임에서는 다음 세 가지 유형의 전략적 속성에 대해 잘 알아두도록 하자. 침묵하는 사람, 옹호하는 사람, 협상하는 사람.

지그문트 프로이트에게 침묵은 거만한 작가를 저지하는, 무디지만 효과적인 수단이었다.

(프로이트는) 대답을 하지 않았고 그로 인해 침묵이 흘러도 곤란해하지 않았다. 그 침묵은 아주 냉엄했으며 손에 쥔 무기나 다름없었다.

불쾌한 질문을 받는다면 못 들은 척하라. 상대에게 왜 늦었느냐고 묻고 싶어 하지도 마라. 그 순간에는 하지 마라. 쓸모없는 폭로에 대해 경계의 반응도 보이지 마라. 성급한 불만 표시는 감정을 더 상하게 하는 법이니 말이다. 그리고 당황스러운 상황이 닥치면 입을 다물어라. 화제는 반드시 다른 쪽으로 옮겨갈 것이다.

침묵은 대답할 의무를 이리저리 피하게 해준다. '예'를 하지 않고도 수락한다는 신호를 보내며, 이 무언의 승낙은 언제든 부인할 수 있다. 동의하지 않는다는 대답 대신 아무 말도 하지 않으면 잠재된 대립 상태를 제거하면서 대화 경로를 계속 열어둘 수 있다. 또한 침묵은 상대방으로 하여금 자신의 상황을 말하도록 강요하며 형세를 역전시키기도 한다.

침묵을 지속해 연막을 쳐라. 내가 생각하는 것, 숨기는 것, 계획하는 것 등을 상대방이 추측하도록 만드는 것이다. 그러면 상대방은 그것을 알아냈다고 의기양양해할지도 모른다. 더구나 상대가 그것을 계속 찾아 다니고, 시간을 낭비하고, 걱정하고 있었다면 내가 그들을 무력화시킨 것이다그러니 착각은 정말 탁월한 요소가 아닐 수 없다. 그리고 항상 기다렸다가 상대의 제안에 응답하라. 전화로 하거나 직접 얼굴을 맞대고 있더라도 말하지 말고 참아라. 침묵을 메우려는 유혹은 굉장히 강해서 상대가 당장 그렇게 하려고 들지도 모른다.

기분 좋고 편안한 침묵도 있다

:

시인 대니 에이브스는 전 부인과의 삶을 이렇게 돌이켜보았다.

침묵의 종류는 정말 가지가지다. 전투 폭음의 뒤를 잇는 숨도 못 쉴 정도의 침묵. 종교 사원의 무표정한 침묵. 그리고 서로 사랑하며 몇 년 동안 함께 살아온 두 사람의 기분 좋고 편안한 침묵도 있다. 나는 그 편안한 침묵을 경험해 보았다.

먼저 침묵이 어떤 상태인지 진단하라. 대화 분위기가 죽었는가, 아니면 한 박자 쉬고 있는가? 만약 그렇다면 이유는 무엇인가? 소통이 안 되어서인가? 정보가 너무 많아서인가? 이야깃거리를 훗날로 미루는 편이 더 나은가? 실수 때문인가?

침묵의 힘 중에서 가장 대단한 것은 아마도 침묵을 통해 대화에 난 구멍을 개선할 수 있다는 점일 것이다. 또는 사람들을 대화에 빠져들도록 몰아넣고 자신은 쏙 빠져나올 수도 있다. 어느 쪽이든 우선 화제를 되살리는 것이 예의다.

열심히 생각해 봐야 한다. 내 경험으로 보면 침묵의 이유는 어디에서든 싹틀 수 있다. 일단 이유가 확인되면 웃어라. 그리고 새 화제를 끌어내거나 작별 인사를 준비하라. 훗날에라도 침묵이 당신을 성가시게 하면 침묵을 메워줄 방법이 무엇인지 손꼽아 보도록 하라.

아마도 잠시는 말이 필요하지 않을 수 있다. 침묵의 순간에 어쩌면 더 나은 무언가가 스쳐갔는지도 모른다. 우리가 이해할 수 있는 무언가가 말이다.

삿갓조개

삿갓조개는 사람들 속에 섞이려고 애쓴다. 그런데 어떤 기척도 내지 않는 다. 대화라는 것을 하게 되면 목석처럼 말이 없어지면서 그 어느 때보다 더 뒤로 물러선다. 누가 왜 그를 초대했는지는 확실치 않다. 반면에 수다스러 운 삿갓조개는 끊임없이 재잘거린다. 우리가 이미 아는 소식, 다 듣기도 전 에 결말을 뻔히 예측할 수 있는 이야기, 화석이 된 생물이 불가사의하게 되 살아났다거나 하는 식의 영양가 없는 이야기를 전하려고 말이다. 아, 그렇 다. 그는 자신이 인터넷 동호회 운영자라고 말한다. 고마운 페이스북이여, 그 방법이 아니라면 그들은 아마도 서로가 닿을 길을 완전히 잃을 것이다!

*삿갓조개 : 눈에 잘 띄지 않지만 공기 중에 노출되면 바위에 딱 달라붙어 떼어 내기가
   매우 힘든 속성을 지니고 있음.

폭탄 분석

— 　　　음울한 부류나 말 많은 부류, 두 종류의 삿갓조개 모두에게 시간은 이 론에 불과한 개념이다. 삿갓조개는 쓸모없이 툭 튀어나온 물건처럼 단단히 달라 붙어서, 조언이나 하품에도 굴하지 않고 사람들 모두가 지칠 때까지 대화를 끌 어간다.

대응 전략

—   그가 좀처럼 경험하지 못했을 흥밋거리 같은 것을 보여주어라. 그가
경험이 풍부하다면 어떻게 그런 단단한 껍데기 속으로 숨었겠는가? 등딱지가 만
들어진 데에는 아마도 사연이 있을 것이다. 질문을 하라. 열정을 터뜨려라. 그 껍
데기를 비틀어 열면 놀랄 만큼 멋진 사람을 찾게 될지도 모른다.

추가로 알아둘 점

—   삿갓조개가 너무 오래 머물면 누군가가 분명 지루해질 것이다.
따라서 꼭 분위기를 환기시켜야 한다. 그 의무를 소홀히 하면 안 될 것이다.

PART

2

대화 울렁증을
극복하는 법

그다지 중요하지 않은 분위기라면
별다른 주제 없이 시간을 보낼 수 있겠지만
그래도 뭔가 할 말이 있는 것이 더 낫지 않겠는가?

5장에서 우리는

● 특별한 걸 말해야 할 것 같을 때, 자꾸만 대화가 뚝뚝 끊길 때, 최상의 화제를 찾는 법을 배울 것이다. 여기 제시된 대화 주제 13가지를 일상생활에 적용해 보자.
● **Tip** : 어떤 말이든 이기려 드는 사람을 대처하기 위한 방법이 제시되어 있다.

5

왜 대화가 뚝뚝 끊길까?

최상의 대화 주제를 찾는 법

우리는 화제를 자유롭게 선택할 수 있지만 사랑, 전쟁, 신 같은 추상적인 이야깃거리는 한정적일 수밖에 없다. 반면에 '무슨 이야기를 할까요?'라고 말하면 대화의 폭은 넓어진다. 따라서 이 말을 통해 이야기를 계속 이어갈 수도 있으며, 다른 이야기로 빠지거나 완전히 다른 주제로 나아가기도 한다. 대화에는 생각을 불러일으키는 '영감 충전 능력'이 있기 때문이다.

대화의 법칙은 다음과 같다. 진부한 화제에서 새로운 포인트를 끄집어내서 전혀 새로운 화제로 접목시키기. 그렇지 않으면 연약한 대화 생태계가 멈춰버린다.

애완동물 이야기로는 단지 몇몇 모임에만 낄 수 있을 뿐이다. 그다지 중요하지 않은 분위기라면 별다른 주제 없이 시간을 보낼 수 있겠지만 그래도 뭔가 할 말이 있는 것이 더 낫지 않겠는가?

화제라고 하면 우리는 '사랑', '전쟁', '신' 같은 추상명사를 떠올린다. 그렇지만 세월이 흐르면 화제의 범위도 바뀌는 법이다. 할머니 세대에는 전쟁, 정치, 돈, 성性, 신, 죽음에 대한 이야기를 엄격히 금했지만, 이제는 어떤 이야기든 할 수 있을 정도로 대화 소재가 풍부해졌다. 화제가 너무 많아 선택이 어렵고 대화의 기술이 약해졌다는 논쟁에까지 이를 지경이다.

말하라, 상황에 맞게

⋮

아리스토텔레스는 인간의 활발한 사고력 덕분에 화제가 다양하게 변주된다고 했다. 간단히 말해 호모사피엔스의 생기 넘치는 정신 안에는 상상력으로 만들어 낸 세상이 있다는 것이다. 대화를 통해 우리는 견해와 사상을 주고받는다. 이는 우리가 서로의 관점을 변화시키고 그 관점으로 세상도 변화시킬 수 있는 놀랄 만한 능력이라고 할 수 있다. 어떤 의미에서 말을 주고받는 것은 이 사람에게서 저 사람에게로 전달될 때마다 매번 화제를 바꾸는 연금술과 같다. 단어의 배열에 따라 새로운 의미가 생기듯 대화도 여러 생각이 서로 결합하고 분리되는 과정으로 이루어진다. 이 과정이 잘 이루어질수록 대화도 활기를 띤다.

『대화로 기쁘게 하는 방법Means to Obilge in Conversation』을 쓴 자유사상가는 이렇게 말했다. 이상적으로는 대화의 원천은 '숲에서 나오는

사슴처럼 갑자기 튀어나온다.'

특별한 주제란 없다. 우리가 우상으로 여기거나, 욕망을 누르면서 따라야 하는 주제는 하나도 없다.

어디서 화제를 구해야 하는지에 대한 그의 충고는 간단하다. "말하라, 상황에 맞게." 이는 사리에 맞는 충고인 듯하다. 화제를 뜻하는 토픽topic의 어원인 그리스어 '토포스topos'는 '상황'을 뜻한다. 그러니 화제도 그 뜻에서 크게 벗어나지 못할 것이다토포스는 아리스토텔레스의 『토피카Ta Topika-공통의 문구에 대해』에 나오는 말이다.

다시 말해 내가 이야기하고 싶은 것, 그것이 좋은 화제다. 그리고 이야깃거리가 풍부한 화제는 누구나 한마디씩 거들 수 있다.

특별한 화제는 없다

:

스캔들과 갈등은 대화에 양념이 되어왔다. 스캔들과 갈등을 결합하는 것도 적절하다. 아리스토텔레스가 말했듯이 따끈따끈한 화제는 견해 차이나 단절에서 비롯되기 때문이다. 사소한 충돌이 일어나지 않는다면 무엇에 대해 이야기를 나누겠는가.

우리가 정말 이야기하고 싶은 화제는 기쁜 일, 취향에 대한 사소한 문제, 그리고 위험한 일이다. 삶은 이래야 한다는 고정관념에서 벗어난 흥미로운 사건에 대해서도 대화하고 싶어 한다. 그러면서도 화제가 좋은지 혹은 나쁜지 하는 문제에 이르면 정신이 두 갈래로 나뉘어 계속 말다툼을 한다. 우리가 살인 사건에 벌벌 떨면서도 이에 대해 침 튀기며 이야기하는 것처럼 말이다.

관심을 끄는 새로운 화제가 전적으로 음란한 것은 아니다. 우리는 모닥불에 모여들듯 새로운 화제를 둘러싸고, 정보가 되는 토막 뉴스를 주고받고, 남의 불행을 고소하게 여기는 분위기에 서서히 취한다. 이런 이야기를 하며 혼자만 두려움을 느끼는 것은 아니며 더 나쁜 일이 다른 누군가에게 일어날 수도 있다는 사실을 스스로에게 확신시키면서 말이다. 가장 좋은 화제란 그것이 나쁜 화제라고 해도 들으면 기분이 나아지는 화제다.

어색함을 메우는 대화 메뉴
:

그렇다면 대화를 이어 나가려면 어떤 주제를 비축해놓아야 할까? 가벼운 대화를 이끄는 주제는 무엇일까?『즐겁게 대화하는 기술Art of Pleasing in Conversation』의 저자 리슐리외 추기경은 이렇게 충고한다.

모호한 과학과 중대 사건보다는 기분 좋고 즐거운 이야기를 나누어야 한다.

공식은 없다. 단지 분위기를 읽고, 뚜렷한 화제를 마음에 품고, 모험을 감행하고, 괜찮을 법한 화제를 따라가는 것이다. 그러면 어떤 화제를 고르든 그 화제를 통해 내 이야기를 할 수 있을 것이다. 소설 가이자 평론가인 길버트 키스 체스터턴이 한 말이 옳다.

재미없는 화제 따위는 없다. 재미를 못 느끼는 사람만 있을 뿐이다.

1. 가십 (출생, 결혼, 불륜, 이혼, 죽음 등)

가십은 고대 영어 가드십godsybb : 대부, 대모처럼 '정신적 친족'이라는 뜻에서 유래했으며, 지금도 사회적 접착제 역할을 하고 친척과 지인 간의 유대를 강화시킨다. 가족과 친구에게 일어난 일을 알아두는 것은 좋은 일이다. 하지만 가십거리의 대부분은 다른 사람의 사생활로 가득하다. 선정적인 이야기는 가려운 곳을 긁어주고 위안을 주기 때문이다. 당사자에게는 절대 이야기하지 못할 만한 화제를 소재로 삼는 한 가십이 나쁜 평판을 듣는 것은 당연한 일이다.

하지만 나는 가십을 적절한 대화 주제라고 본다. 개인이 고립되는 도시 사회에서는 가장 본질적인 분야이기도 하다. 점점 가족 기반이 약해지고, 사람 사이의 연결망이 넓어지면서 관계가 느슨해지고 있다. 이때 가십은 우정을 유지시켜 주는 최고의 수단이다. 사업에서도 마찬가지다. 가능하다면 나는 그 지분을 살 것이다.

- 위험 요소 : 상대방에 대한 잘못된 판단, 너무 많거나 적은 정보
- 기회 : 새로운 정보를 얻고, 기분 좋은 자극을 받으며, 우월한 입장임을 느

끼게 된다.

- 알맞은 장소 : 동창회, 장례식, 세례식

2. 비밀 (진실, 거짓말)

친하지 않은 사람이 불필요한 고백을 하면 부담이 된다. 차라리 프로이트를 탓하고, TV를 탓하고, 피임약을 탓하라. 20세기에는 금기시됐던 규칙들이 무더기로 사라졌다. 한껏 달아오른 미디어가 어떤 이야기든 해도 될 것처럼 몰아가고 있다. 그것도 아니라면 차라리 미용사나 바텐더와 대화하는 편이 낫다.

작은 장난이 이야기에 활기를 준다고는 하지만 그 뒷맛이 시큼하면 이건 아니다 싶은 생각이 들 것이다. 진솔한 대화로 유대 관계를 강화하려면 마음이 이끄는 대로 자연스럽게 흘러가는 것이 중요하다.

- 위험 요소 : 악명, 뒤끝, 그리고 상대의 정체를 알고 있는가?
- 기회 : 상대의 비밀도 알게 될지 모른다.
- 알맞은 장소 : 친한 친구, 경찰관, 고해신부, 의사, 심리 치료사

3. 걱정거리

진짜로 대화를 끝내고 싶다면 걱정거리를 털어놓아라. 하지만 그게 아니라면 '안녕하세요?' 뒤에 이어지는 말에 신중해야 한다.

어느 조사에서 이스탄불 학생 중 30.4%는 '개인적인 문제'를 최고의 대화 화제로 꼽았고, 여학생 중 37%는 좀 더 거창하게 '학생들 ·

젊은이들 문제'를 꼽았다. 어떤 사람은 이런 화제만 편애하는 현상은 국가적 낭만과 우울의 풍조를 나타내는 것이라고 주장한다. 그런데 나는 투덜대는 행동이 주는 즐거움을 알고 있다. 철학자 프랜시스 베이컨의 글처럼 좋은 사람과 함께 있을 때라면 말이다.

인간이 친구와 소통하면 두 가지 상반되는 결과가 나온다. 기쁨은 증가하고 슬픔은 반으로 나뉜다.

하지만 진짜로 대화를 끝내버리기 위해서 걱정거리를 털어놓을 수도 있다.

- 위험 요소 : 위신 행방불명, 자기 연민, 하품
- 기회 : 기분이 나아지게 한다. 문제를 분석해서 함께 웃게 된다.
- 알맞은 장소 : 가장 친한 친구들, 엄마(제한적으로), 애인(마찬가지), 프레너미
  (frenemy)
  * 친구를 가장한 적 프레너미들은 "나는 정말 바빠. 프로젝트 때문에"라고 과시하면서 불평한다.

4. 돈

보통 대화의 3분의 2가 '서로의 삶을 구경하는 화제'로 이루어지면 당연히 '가격표'가 거론될 것이다. 그럼에도 전통적으로 돈 이야기는 금지되어 왔다. 음식 서적 저술가이자 성공한 사업가인 프루 레이스는 이렇게 회상한다.

사람들은 가족과 있을 때는 결코 음식, 돈, 섹스 이야기를 꺼내지 않았다. 벼락부자와 함께 있을 때만 그런 이야기를 나누었다. 나는 어처구니없는 일이라고 생각한다. 음식, 돈, 섹스는 우리 삶에 큰 기쁨을 주는 것인데 말이다.

물론 돈은 삶의 낙이다. 돈을 가지고 있다면 말이다. 그렇지 않으면 이야기의 핵심은 이렇게 될지도 모른다. "돈이 기쁨만 주겠어요?" 재산을 광고하고 다니는 것은 위험한 행동이다. 최근 돈에 대한 화제가 대화 주제로 강하게 떠오르고 있지만 대화의 잡초가 될 이런 화제를 좋은 화제로 오인하지 말아야 한다.

- 위험 요소 : 가치에 대한 오해, 침묵, '그래서 뭐?'
- 알맞은 장소 : 사무실, 회계사, 부동산 사무소, 은행, 이혼 전문 변호사 사무실

5. 시사 문제

한번 시도해 볼 만하다. 그러나 요즘은 라디오, 텔레비전, 인터넷 드라마, 뉴스, 시사 프로그램 등에서 화제가 홍수처럼 쏟아져 나온다. 우리는 언제 다가올지 모르는 재난을 끊임없이 염려하지만 그런 화제와 우리의 관계는 표면적인 것에 그치기 마련이므로, 충격은 곧 무뎌지고 흥미도 점차 잃어간다. 사실 그런 이야기를 하다 보면 스스로 무능하다고 느끼기 쉽기 때문에 차라리 하지 않는 편이 더 낫기도 하다.

그럼에도 1960년대의 저항 운동에 대해 무수한 기억을 간직한 베

이비붐 세대와 어떤 큰 사건에 대해 대화를 나누면 마음이 좀 더 확장되는 느낌이 든다. 모기지 대출금을 다 갚고, 자녀를 교육시키고, 손자의 출생을 재촉하지 않고 기다려 준 많은 사람들 역시 세상을 좀 더 나은 곳으로 만들기 위해 뭔가 구체적인 일을 하고 있다. 그들이 대화의 시동을 걸도록 내버려둬라. 그러면 우리도 어느새 그 대열에 끼어 있게 된다.

- 위험 요소 : 우울증, 권태, 언쟁, 미덥지 않은 신념의 발각
- 기회 : 가장 최근의 화제를 잡아라. 지루함을 억눌러라. 의식을 높여라.
- 알맞은 장소 : 학생 회관, 술집(스포츠를 싫어하는 사람들이 오는 곳으로), 저녁 파티, 회갑연

6. 날씨

날씨 이야기는 이제 더 이상 점잔 빼며 나누는 중립적인 주제가 아니다. 기후 변화로 날씨가 전 지구적인 관심사가 되었다. 곧 다가올지 모르는 대참사를 직감하며 이제 우리는 7월에 우박을 피하고 10월에 일광욕을 즐긴다. 날씨에 대한 대화를 나누고 싶은가?

당신이 지금 먹고 있는 카나페와 녹고 있는 북극의 빙하가 잘 어울릴까? 선택은 우리 몫이다. 즉 날씨를 잘 이용하라는 뜻이다. 날씨 문제 중에서도 너무 무거운 주제는 피하고 가벼운 부분을 잘 숙지한 다음 대화에 활용하라.

- 위험 요소 : 판에 박힌 문구, 불편한 진실, 환경적 우울증
- 기회 : 우산이나 자외선 차단 크림을 잊지 말라.
- 알맞은 장소 : 대화를 시작할 때, 낯선 사람과 시간을 보낼 때, 또는 어떤 장 소든.

7. 신·국가·왕

예전에는 이런 화제를 두고 다양한 의견을 내는 일이 금기시되었지 만 이제 그런 시대는 지났다. 신, 국가, 왕에 대한 주제는 때로는 매 우 재밌고, 때로는 지루하고, 항상 분쟁을 일으킨다. 대화 분위기를 딱딱하게 만들고 싶다면 별로 신경 쓰지 않는 지도자 이야기를 꺼내 라. 누가 정치적인 동물이고 누가 정치에는 전혀 관심 없는 사람인 지 금방 드러날 것이다.

'사회·정치·종교' 어느 쪽이든 현안에 대한 신념을 토론하는 것 은 대화 분위기를 딱딱하게 만들 수 있다. 이런 일에 회의적인 사람 들은 이렇게 바쁘게 사는데도 자신의 보잘것없는 삶은 아주 작은 먼 지를 일으킬 뿐이라는 사실을 일깨워주기 때문이다. 이보다 더 끔찍 한 것은 이런 화제에 격분하는 사람들이 보이지 않는 무대에라도 선 것처럼 목소리 높여 제멋대로 지껄이는 것이다.

심리학의 선구자 윌리엄 제임스의 말처럼, 만약 종교적 믿음을 변 화무쌍한 삶을 통과하도록 도와주는 자동차라고 한다면, 다른 사람 의 신념에 아픔을 주는 일은 서툰 솜씨로 그의 삶에서 매우 중요한 엔진을 뜯어고치려 드는 일과 같다. 즉 자신의 신념을 강요하는 것

은 적절치 못하다는 말이다. 대화는 서로 주고받는 게임이기 때문이다. 누가 혼자서 양 팀 선수 노릇을 다 하겠는가.

- 위험 요소 : 우울증, 권태, 언쟁
- 기회 : 분위기를 지루하게 만들거나, 누군가를 흥분시키거나, 10대 수준이 되고 싶다면
- 알맞은 장소 : 선술집, 집회, 호화로운 접대 자리, 골프장, 점심 식사 후

8. 아기 문제 (연애, 애완동물, 아기)

대화 주제가 아무리 사랑스러운 존재라고 해도 대화 기법은 지켜야 한다. 장황한 설명과 열거로는 재미있는 이야기가 만들어지지 않는다. 기쁨을 공유하려면 긴 이야기를 짧게 줄여라.

아기 이야기는 왜 지루할까? 문제는 바로 부모다.

부모들은 마치 아기를 행복하게 해주는 것이 다른 사람들에게도 즐거운 일인 양 믿어버린다. 강한 정서적 유대감을 느끼게 하는 호르몬에 사로잡혀 있거나, 너무 지쳐 있고 또는 철저히 자기중심적이기 때문이다.

나는 애인이나 아이들 이야기 듣는 것을 좋아하고, 나의 축소판 같은 아기에게 이야기하는 것을 아주 좋아하며, 개를 쓰다듬는 일도 즐긴다. 그런데 자세한 설명까지 듣고 싶어 할까? 귀여운 주영이가 최근 연주회에서 트럼펫을 아주 잘 불었던 이야기? 아, 그 스토리? 생생한 실화? 흠, 좋다! 그러나 속사포처럼 쏟아져 나오는 아이들

이야기는 시간을 엄청나게 잡아먹을 것이 틀림없다.

- 위험 요소 : 권태, 부러움, 부러움의 대상
- 기회 : 웃음을 준다(지금, 아니면 나중에라도).
- 알맞은 장소 : 죽이 잘 맞는 일행과 교문에서

9. 주변 상황

무슨 일이 일어나고 있는가? 방금 동료 얼굴에 웃음이 스쳐가도록 만든 것은 무엇일까? 저 여자는 왜 저 드레스를 입었을까? 그다지 중요하지 않은 이런 수수께끼가 침묵하지 않으려는 나를 지지할지도 모른다.

주변 상황에 대한 화제가 좋은 이유는 그런 화제는 공통된 환경에 기반하므로 예의에 어긋나거나 무례하지 않게 기존 대화를 끊고 새로운 화제주변 상황에 대한로 이어갈 수 있기 때문이다. 그러니 지금 나누는 대화가 지루하다면, 계속 귀를 열어두고 눈을 부릅뜨고 주변 상황을 살펴라. 그러면 다른 화제로 옮겨갈 수 있을 것이다. 상상력을 동원하되 조심하라. 당신이 흉본 패션 테러리스트가 대화 상대의 아버지일 수도 있으니까.

- 위험 요소 : 화제에 올릴 가치가 있는가? 가치 있게 만들 수 있겠는가?
- 기회 : 기분 전환용으로 공백 메우기
- 알맞은 장소 : 언제 어디서든

10. 대화 상대

그럴듯한 말로 구슬리기의 명수인 정치가이자 소설가 디즈레일리는 이렇게 말했다.

상대방에 관한 이야기를 하라. 그러면 그는 몇 시간이라도 들어줄 것이다.

하지만 상대방의 개인 공간에는 허락 없이 들어가지 말아야 한다. 그의 직업이 무엇인지, 결혼했는지, 아이가 있는지 등은 묻지 말고 기다려라. 그가 이 화제는 안전하다는 깃발을 들어 올릴 때까지 기다려야 한다. 옆길을 택하라. 그리고 그가 흥미로워할 만한 화제에 가만히 접근하라.

- 위험 요소 : 재미있는 화제인가? 안전한 화제인가?
- 기회 : 작은 투자에 비해 큰 이익을 얻는다.
- 알맞은 장소 : 언제 어디서든

11. 기타 (취미, 스포츠, 책, 영화, 음악, 가전제품, 기타 소수만 알 수 있는 난해한 것)

이런 주제에 열광하는 친구들과 함께라면 대화의 주제로 선택해도 좋다. 관심 분야에 대한 사소하고 재미있는 이야깃거리를 높은 톤으로 나누다 보면 대화가 노래하듯 흘러간다. 서로의 공통 분야를 확인하려는 레이더는 접어두고 일상 이외의 관심사에 대해 의논하다 보면 열광이 열광을 낳게 된다.

편집자이자 시인인 레이 헌트는 '식사할 때 가장 어울리는 화제'에 대해 이렇게 말했다.

소화를 도와주는 즐거운 내용과 사람들이 계속 마음속에 담게 되는 진심 어린 이야기가 좋다. … 회고담, 문학, 바보라도 쉽게 답할 수 있는 쉬운 질문, 와인처럼 흘러나오는 인용문, 눈이 휘둥그레지게 만드는 착상 등.

일상사에서 벗어나려면 문화의 일부라도 흡수하려고 노력하라. 최근에 나온 읽을거리 혹은 볼거리, 들을 거리를 직접 알아내기에 너무 바쁘다면 프랑스 문학 교수이자 정신분석학자인 피에르 바야르의『읽지 않은 책에 대해 말하는 법How to Talk About Books You Haven't Read』을 보고 용기를 내라.

전문가(문학비평가)들 사이에서는 거짓말이 관례다. 그리고 우리는 책의 중요성을 고려해 보고 그 중요성에 비례해 거짓말하는 경향이 있다. … 우리가 말하는 책은 실제 책과 간접적으로만 관련이 있다.

뜻밖의 관심사가 대화에 불을 붙일 수 있다. 자신의 마음을 사로잡는 그 어떤 것이라도 가능하다. 적당한 선에서 말이다.

- 기회 : 정보를 얻고, 흥분과 열정을 일으킨다.
- 알맞은 장소 : 어디서든, 어느 정도까지

12. 정리 멘트

마지막으로 늘 나오는 말이라서 거의 화제라고 알아채지 못하는 것이 있다. 바로 정리 멘트다. 많은 대화가 다음에 만날 약속이나 할 일에 대한 것으로 마무리된다. 그러니 작별 인사를 하되 다시 만나고 싶다면 이렇게 말하라. "이 이야기 언제 또 할 수 있을까요?" 이 말은 정중하나 모호하지 않게 '이 대화는 이미 과거가 되었다'는 메시지를 전한다.

- 위험 요소 : 거짓 약속하기
- 기회 : 자신의 일과를 계속 진행하기
- 알맞은 장소 : 끝이 가까워지면

여기서 나의 대화 메뉴는 끝났다. 당신의 메뉴는 더 길지도 모르겠다. 어떤 화제를 고르든 그 화제를 중요하게 여겨라.

말하는 사람이 적극적으로 참여하지 않는다면 상상력이 풍부하다거나 누구나 흥분하기 쉬운 화제라 해도 대화 분위기는 활기를 띠지 않는다. 예전에 점심 식사를 하면서 면접을 볼 때 면접관이 갑자기 자기 고양이를 저주하는 말을 하기 시작했다. 그 순간 나는 이 인터뷰가 끝났다는 것을 확신했다. 무엇이 잘못되었는가? 우리는 노력했지만 나는 그녀의 관심사에 흥미가 없었고 그녀 역시 마찬가지였다. 서로 공통된 화제로 묶어내는 데 실패했던 것이다.

쇼걸

쇼걸은 삶이 경쟁이라는 사실을 잘 안다. 그 어떤 일도 당신보다 그녀가 더 잘해낸다. 그것도 아주 월등하게 잘한다. 그리고 눈부시게 화려하다. 하지만 당신이 정말, 정말, 정말 운이 좋아야 그녀는 당신에게 그 비법을 알려줄 것이다.

폭탄 분석

— 　쇼걸을 상징하는 것은 액세서리를 가장한 조그마한 은색 하이힐이다. 비록 하이힐 바닥이 불안정하기는 하지만 그녀는 절대 하이힐을 포기하지 않는다. 그러고는 은밀하게 정보를 입수할 기회에 온통 자신을 칭찬하기에 바쁘다. 자신의 마음을 좀먹는 걱정거리에 대해서는 절대 털어놓지 않고 말이다.
쇼걸은 당신의 계획을 듣고 변함없이 감동하며 당신의 일을 진척시킬 수 있는 모든 일을 한다. 그런데 어떻게 그렇게 자주 당신의 관심사를 도울 수 있는지 이상하지 않은가? 결코 그녀들이 더 뽐내도록 내버려두지 말아야 한다. 그들은 작은 하이힐로 당신의 흙을 파내서 자신의 기반을 구축할 뿐이다.

대응 전략

— 　그녀가 당신에게 깊은 인상을 주려는 것이 불쾌한가? 당신의 약점을 목표로 삼으면 유감스럽기는 해도 그녀의 음모에서 어떤 정보를 알아낼 수 있을

것이다. 그러니 무엇이 당신을 화나게 하는지 귀 기울여라. 그러면 당신의 불안감이 무엇인지 알게 될 것이다. 그것으로 당신 주변에 보호막을 만들어라.

추가로 알아둘 점

— 　　　　쇼걸이 자신의 관심사로 화제를 이끄는 방법은 정말 놀라울 정도로 확고하다. 그런 관심을 집중시키는 힘과 추진력, 철판 깔기는 유용한 갑옷이며 때로는 활용할 만한 가치가 있다.

최근에 만난 사람을 생각해보자.
그에게 어떤 기분으로 말했는지 기억나는가?
대화하면서 느낀 감정은 솜씨 좋은 말보다
더 오래 기억되는 법이다.

6장에서 우리는

- 별 관심 없는 대화가 이어지고 있을 때 은근슬쩍 화제를 돌려 버릴 순 없을까? 내 맘대로 화제를 이어가는 대화 조종의 기술을 배워보자.
- **Tip** : 무엇이든 평가하는 못된 사람을 만났을 때의 대처법이 제시되어 있다.

춤 좋아하세요?
맘에 드는 화제로 대화를 이끌어가는 기술

할 말이 전혀 없는 것이 나쁘다면 할 말이 너무 많은 것은 더 나쁘다고 할 수 있다. 미국의 백만장자 정치꾼 애리아나 허핑턴은 '질문이 거품처럼 부풀어 오르는' 사람이다.

춤 좋아하세요? 향수 이야기 좀 할까요? 평영이 자유형보다 더 여자답다고 생각하세요? 레너드 코헨 좋아하세요? 내 립스틱 어때요? 그녀는 이것을 '친밀감을 높이는 타고난 재능'이라고 말한다.

그렇지만 질문을 평평 쏟아내면 사람들이 그 많은 질문에 무감각해질지 모른다. 소설가 에드워드 모건 포스터는 『하워즈 엔드Howards End』에서 '단지 연결하라'라는 삶의 좌우명을 썼다. 그것은 대화에서도 마찬가지다. 대화가 한창 무르익고 활기를 띠면 대화를 통해 우리가 누구인지 드러난다. 그리고 공감대가 형성되면서 인간관계를 맺는다. 화제 사이로 미끄러져 들어가면 연결이 가능해진다.

최근에 만난 사람을 생각해 보자. 무슨 말을 했는지, 또는 그에게 어떤 기분으로 말했는지 기억나는가? 대화하면서 느낀 감정은 솜씨 좋은 말보다 더 오래 기억되는 법이다. 그리고 어떤 화제든 대화의 본질적인 즐거움은 말의 아름다움보다 말의 속도, 리듬, 흐름의 조화에서 더 크게 느낄 수 있다.

화제와 화제를 매끄럽게 연결하라
⋮

산불이 났을 때 도망치는 다람쥐처럼 이 화제에서 저 화제로 급히 돌진하는 이야기꾼은 사람들을 불안하게 만든다. 그러나 말솜씨가 좋은 사람은 쓸모없는 화제를 눈부신 화제로 변화시킨다. 실을 자아서 사람들을 끌어당겨 새로운 보물이 있는 곳으로 이끈다. 하지만 때때로 마법처럼 보이는 대화의 흐름은 신호등보다 조금 복잡한 암시와 신호가 있어야 계속된다.

우리는 문법 규칙을 따르듯 대부분 무의식적으로 그 신호를 따른다. 종종 마음을 딴 곳에 둔 채 이야기하거나 그다음에 말하고 싶은 이야기를 먼저 말해버린다. 이 때문에 신호를 놓치거나 건너뛸 수도 있다. 또 깜빡이는 화제 신호 때문에 대화가 엉뚱하게 흐르기도 한다. 다만 우리가 알아차리지 못할 뿐이다.

그러고는 대화가 잘못되어 가는 상황이 되거나 다른 사람을 비난한다. 정말 눈치가 없다는 둥, 무례하다는 둥, 무디다는 둥! 그렇지 않으면 방어적이거나 내성적인 자세를 취한다. 그리고 공통적인 대화를 찾으려는 생각을 멈춘다. 이는 재미와 우정을 가로막는 근시안적인 행동이다. 에드워드 모건 포스터는 정확했다. '단지 연결하라.' 화제가 연결되면 인간관계도 연결된다.

하고 싶은 말에는 간접적으로 접근하라

:

대화하는 동안 우리는 브로커처럼 화제를 중개한다. 협상은 우스꽝스럽게 길어질 수 있다.

아내 : 이 빨간 상의가 내 혈색과 잘 어울려요?

남편 : 그래, 여보.

아내 : 너무 요란하지 않아요?

남편 : 아니.

아내 : 혈색이랑 따로 놀지 않아요?

남편 : 아니.

아내 : 얼마 전에 내 머리도 그렇게 바꿨는데…….

남편 : 좋아 보여. (TV 채널 바뀌는 소리)

아내 : 어제 붉은색으로 머리 염색했어요. 눈치 못 챘어요?

남편 : 아니, 여보. (머리를 붉은색으로 염색한 것에 남편이 화를 낼까 봐 남편이 TV

에 정신을 팔고 있는 동안 옷 이야기부터 시작해 머리 염색한 이야기로 서서히

접근하는 수법을 보여주는 장면. -옮긴이)

입찰 스타일에 따라 대화를 이끌고 싶은지 아닌지가 나타나기도
한다. 열린 입찰을 하는 사람은 이렇게 말한다. "사람들이 연우가 멋
지대." 또는 "연우 이야기 들었어?" 열린 입찰을 하면 상대방이 소극
적인 반응을 보이거나 혹은 나서서 화제를 발전시킨다. 반면에 닫힌
입찰은 이렇다. "연우야 이야기 좀 해줘." 또는 "연우가 무슨 말을 했
는지 알아맞혀 봐." 이런 말은 대화를 이어갈 여지를 남기지 않는다.
그러니 전문가처럼 화제 입찰에 신중해져야 한다.

민감한 상황에서 간접적인 입찰을 하면 상대방을 억지로 들어오게
하지 않고도 전략적으로 문을 가리킬 수 있다. 친구가 워크숍에서
춤을 췄다는 말을 듣고 이에 대해 간접적으로 물을 수 있다. "너 워
크숍에서 지치도록 논 거야?" 혹은 직접 어디 있었는지 캐물을 수
없다면 이런 식으로 미끼를 던져라. "널 초대하려고 전화했는데 안
받더라."

반응을 조절해서 원하는 대화로 유도하자

⋮

대답에 담긴 어조로 신호를 나타낼 수 있다. 주어진 방향으로 이야

기를 해나가고 싶다는 신호초록불를 보낼 수도 있고, 이야기를 더 진행하지 않고 버틴다는 신호노란불를 줄 수도 있고, 이미 대화를 끝내고 싶다는 힌트를 충분히 줬다는 신호빨간불를 보낼 수도 있다.

- 초록불 : 새로운 소재를 첨가함 (ex. 프레드 말이지? 겁 없이 우쭐대는 애.)
- 노란불 : 불분명한 태도, 아무 말도 덧붙이지 않음 (ex. 가엾은 프레드.)
- 빨간불 : 하품을 함 (ex. 아—함, 그래.)

대답을 통해 관심 있는 이야기에 불을 반짝이면서 얼마든지 다음 대화 주제를 고를 수 있다. 그러니 원하는 이야기로 대화를 이끌어 가는 방법에 대해 생각해 보자. 예를 들어보겠다. 내가 만난 남자가 스포츠카에 대해 이야기하기 시작했다. "고성능 스포츠카만 보면 사족을 못 쓰겠어요." 그의 말에 나는 아무 말도 하지 않았다. 그러자 그는 상세히 설명하기 시작했다.

테스타로사1984년형 페라리 스포츠카가 있는 곳을 찾아냈어요. 밝은 초록색이에요. 고속도로에서 시속 350km까지 달려요. 초창기에는 사람들이 거들떠보지도 않았대요. 페라리는 휴업에 들어갔죠. 하지만 지금은 소량 생산만 해서 귀해졌어요. 돈 찍어내는 기계나 다름없죠.

그의 말에 담긴 각각의 작은 정보는 새로운 화제를 꽃피울 수 있는 씨앗이 된다. 내가 '테스타로사'라는 말을 듣고 웃으면서 "페라리?"

원하는 대화를 이끄는 스킬

전화 반대편에 있는 사람이 계속 재잘거린다. 하지만 나는 가만히 있다. 나는 이 대화가 내가 듣고 싶지 않은 쪽으로 나아가고 있다는 것을 안다. 잠자코 듣고 있는 걸 좋아하는 사람이 어디 있으랴. 별것도 아닌 이야기를 장황하게 늘어놓는 것도 매력적일지 모르지만 대화의 공간을 열고 원하는 대로 이야기가 잘 착륙하도록 이끄는 것이 더 유익할지 모른다. 우선 한 걸음 물러서서 전화한 게 뜻밖이라고 강조하자.

대화 조종의 기술

당신 : "우리 전화한 지 제법 됐네." (대답이 없는가? 뭔가를 안다는 힌트를 주자.)

"별일은 없고?"

친구 : "좋아" (이렇게 대답하는가? 친구한테 이런 대답을 들으면 나는 긴장하게 된다. 그래도 용기를 내어 물어보자.)

당신 : "근데 무슨 일이야?"

친구 : "아, 그게… 아니야. 아무것도 아냐." (이제 내가 선택권을 가졌다.)

➡ **대화에 시동을 걸자** : "정말?"

➡ **책임감에서 해방되자** : "그럼 됐어. 나 뭐 좀 하고 있었거든."

지금 친구가 전화 건 이유를 말하지 않더라도 걱정할 것 없다. 다시 연락이 올 것이다.

라고 말했다면 그는 차종에 초점을 맞춰 화제를 확장해 갔을 것이다. 또는 '고속도로'라는 말에 주목해서 "어머나, 어디서 그렇게 빨리 달릴 수 있어요?" 하고 말했다면 대화는 다른 쪽으로 흘러갔을지도 모른다. 말을 구성하는 방법에 따라 이야기의 핵심이 드러날 수도 있고, 사라질 수도 있다.

논쟁을 목적으로 하지 않는 주제를 제안하려면 판에 박힌 문구를 사용함으로써 노란 불을 켜고 수비적인 게임을 하면 된다. 또는 어려운 화제를 비켜가려면 듣기 좋은 소리나 인사치레의 말을 해야 한다. 예를 들면 "재미있는 질문이네요"라고 말하면서 말이다. 무엇보다 대화를 억제하는 미묘한 말은 대화의 열기를 식히기 마련이다. 살며시 "아, 그래요?"라고 말하면 이 이야기는 이미 한물갔다는 뜻이 된다.

자연스럽게 화제를 바꾸는 6가지 기법

페라리 이야기에 싫증이 났는가? 주제를 바꿀 시간이다. 하지만 듣는 사람을 붙잡아두어야 한다. 삐걱거리는 기어 변환 소리 없이 화제를 바꾸는 여섯 가지 방법이 있다. 시작하려는 화제가 다음 세 가지 중 어떤 것인지에 따라 적당한 방법을 고르도록 하자.

• 새로운 화제를 제시하고 싶은지

- 대화 방향을 바꾸는 화제를 제시하고 싶은지

- 주어진 화제를 확장하는 화제를 제시하고 싶은지

화제가 새로우면 새로울수록 그 화제를 엮어내는 데에는 더 큰 작업이 필요하다. 이는 어떤 언어를 쓰든지 말하는 방식에 나타나게 된다. 프랑스어나 독일어를 사용하는 사람들은 대화 주제가 얼마나 새로우냐에 따라 목소리의 높낮이와 크기가 달라진다. 그러니 주목을 끌려면 목소리를 잘 활용하라. 단조롭게 말하면 단어가 지닌 수많은 의미, 즉 감정에 호소하는 힘을 잃기 때문에 별로 효과를 보지 못한다.

이제 내가 입을 화제의 옷을 선택하라. 이 옷이 마케팅 도구가 된다는 점을 염두에 두고 다른 사람들의 욕구, 필요, 희망, 두려움과 연결시키면서 화제를 던져라. 또한 말을 많이 하되 비밀이 숨겨져 있다는 느낌을 주면서 자세한 이야기를 피하면 더 좋다. "말하지 않는 게 낫겠어"라는 말은 호기심을 두 배로 높여준다. 누군가를 긴장시키고 싶은가? 그렇다면 그녀가 불안해 하는 화제를 찾아라.

1. 한 걸음씩 진행하기 (복잡한 화제의 경우)

'우선, 그다음엔, 그러고는' 같은 연결어가 이야기의 요소를 이어줌으로써 일관성을 부여한다. 연결어는 화제가 목적지에 도달하도록 도울 뿐만 아니라 내가 싫어하는 것을 피하도록 해주는 매우 귀중한 장치이다.

ex. "우선 바나나가 도착해요. 그다음엔 오토바이 폭주족이죠. 그러고는 프레드
가 커스터드 소스를 갖고 갑자기 짜증을 내요. 아수라장이라니까요!" (마지막에
한 말이 원래 하고 싶은 말)

우선 판에 박힌 이야기를 꺼내고 상대방에게 떠맡기고 싶지 않은
문제를 항목별로 이야기하면서 한 걸음 한 걸음 나아가라. 그러면
화제는 '당신은 버림받았다'에서 '내일부터 꿈 같은 날이 시작될 거
야' 로 바뀐다.

ex. (인간관계를 끝내기 위해선 이렇게 시작하는 게 좋다.) "당신은 아니에요."

2. 인용하기

지금 이야기하고 있는 화제는 끝내버리고 앞서 누군가가 말한 내용
에서 화제를 찾아라. 이 방법은 무의식적으로 사람의 마음을 끌며
내가 얼마나 대화에 마음을 기울이고 있는지 설명해 준다. 우리는
모두 적절한 인용에 쉽게 속아넘어간다. 앞사람의 말을 인용하면 더
재치 있는 사람으로 보일 수 있다. 이 방식은 재치가 있든 없든 대화
를 공유하는 같은 무리 안에서만 통하는 농담을 이끌어 낼 수 있다.

ex. 앞서 나온 농담을 언급함으로써 웃음 유발하기(TV 퀴즈 쇼 패널들이 자주 사
용하는 수법으로, 그 말이 썩 재미있지 않더라도 그들의 재치와 순발력을 보며 우리가 같
은 공간에 있다는 느낌을 받는다.)

3. 화제 목록 작성하기

비즈니스 미팅에서 업무 회의록을 작성하는 것처럼 목록을 작성하라. 그러면 화제를 짜 넣을 필요도 없고, 사교적인 대화를 위한 반죽을 미리 만들어 놓는 셈이다.

> ex. "주말에 뭐 했어요?"라는 물음에 답할 활동 일람표를 작성하는 것 (미리 작성한 목록에서 화제를 끄집어내면 간편할 것이다.)
>
> "자, 내가 말하고 싶었던 이야기는 바로 이거예요."(이 한마디로 무조건 이전 주제를 끝낸다고 선포해버린 셈이다. 그리고 내가 길게 이야기할 시간이 없다는 사실도 전해주게 된다. 그녀가 아무리 시간이 많더라도 말이다.)

4. 공통된 주제 유발하기

공통된 주제를 언급하면 화제를 상대방 쪽으로 넘길 수 있다. 이런 생각의 도약을 통해 함축적이고 말로 할 수 없는, 감춰진 의미에 주목하게 된다. 오랜 친구와 나누는 대화에서 기쁨을 얻는 이유는 대화가 수많은 공통 주제로 엮여 있어서 마치 놀라운 독심술처럼 서로의 마음을 이해할 수 있기 때문이다. 사실 독심술이 맞기도 하다. 따라서 이 방법을 통해 지루한 화제에서 도망칠 수 있을 뿐만 아니라 낯선 사람과 좀 더 연결되었다는 느낌을 가질 수 있다. 주의할 점은 이 방법이 산만하게 보일 수도 있다는 점이다. 대화가 겉돌고 있다고 느껴지면 확실하게 연결될 주제를 찾아라.

대화를 이어갈 영감이 바닥났는가? 그렇다면 다음의 재치 있는 단어와 문장으로 가망 없는 화제를 잘 끼워맞춰라. 말 많은 사람들이 새로운 화제를 가지고 대화의 장으로 돌아오도록 선동해야 한다.

- **가볍게** : 이봐, 들어봐, 맞춰봐, 이 말 들어야 해, 어디 보자, 자~ 이제, 있잖아, 음*, 맞아*, 그래서*
- **회고적으로** : 네가 말한 것처럼, 내가 말하려던 건, 글쎄*, 아무튼*, 아직은*, 내가 방해했니?*, 내가 말했다시피*
- **격식을 차려서** : 내가 전화한 이유는, 이 말 들으면 흥미 있을 거야
- **암시를 주며** : 말이 난 김에, 궁금한 게 있는데

＊대화가 정말로 침체 상태에 빠졌다면 *표시가 붙은 말을 써보면 된다.

5. 화제 발사하기

이 역시 앞서 한 이야기와 이어진다. 그렇지만 다루기가 좀 더 힘들다. 키워드 하나가 새로운 화제로 이어지는 계기가 될 수 있다. 덤으로 주변을 잘 관찰한 덕분에 새로운 화제를 제시할 수도 있다.

ex. 친구의 출산('기형아 출산'이라는 새로운 화제로 나아갈 수 있다.) 또는 말장난(새

로운 화제로 향하게 될 수도 있다.)

6. 화제 동여매기

원칙적이고 올바른 문법이 비결이다. 명료함을 위해 지금 하는 이야기에서 '그'나 '그것'이 정확히 무엇을 뜻하는지 듣는 사람에게 확실히 이해시켜라. 이야기 중에 처음 나오는 '그'나 '그것'까지 말이다.

과감히 고전적인 방식을 선택하라
:

10대 시절에 나는 상투적인 말, 판에 박힌 말을 신경질적으로 싫어했고, 날씨 이야기는 고의적으로 피했다. 정말 어리석은 짓이었다. 말하기 쉬운 화제는 언제든 다 받아들여지기 마련이다. 그리고 다소 편협한 지식이라도 결실을 맺을 수 있다.

닉슨 대통령이 중국을 방문했던 역사적인 사건이 있었다. 백악관 메모에 "중국은 음식에 대단한 자부심을 갖고 있으니 다양한 소스와 요리를 칭찬할 것을 추천한다" 같은 유용한 정보가 포함돼 있었음에도, 양측의 공통 관심사가 얼마나 적었던지 연회가 거의 엉망진창이 되어버렸다.

마오쩌둥의 세 번째 부인인 장칭江靑이라도 그 자리에 있었다면 닉슨 대통령 부인이 고전적인 방법으로 중국인들이 옛날부터 대화를 시작할 때 써오던 말로 그 순간을 모면할 수 있었을 텐데 말이다.

닉슨 대통령 부인 : "각하께서 총애하는 부인은 잘 계신가요?"

장칭 : "고맙습니다. 그 어리석은 사람은 잘 있습니다."

종교재판소장

어느 저녁 식사 자리에서 라디오 방송 사회자가 모든 손님의 나이를 열심히 묻고는 사람들을 더 가까이 보려고 몸을 기울였다. 그리고 고개를 뒤로 젖히며 "확실해요?"라고 말했다. 그러다가 식사를 하던 중 소리쳤다. "숙녀 여러분, 우리가 마음에 그리는 남자는 누구일까요? 잘생긴 원빈일까요? 섹시한 택연일까요?" 그리고 자기 옆에 앉은, 원빈도 택연도 아닌 남자를 보고 웃으며 불쌍하다는 목소리로 이렇게 말했다. "아뇨, 당신은 아니에요." 그녀의 남편이 얼굴을 찌푸렸다. "처갓집에서는 이 사람을 사교계의 수류탄이라고 부르죠."

폭탄 분석

— 　　　당신은 가벼운 잡담을 시작했다고 생각했는데 종교재판소장은 잡담이 아니라 하나의 경기라고 생각한다. 그녀는 사적인 생각을 가지지도, 사적인 슬픔과 마주치지도 않는다. 여러 사람과 나누기에 민감하다고 생각하는 주제도 없다. 참견 잘하는 성격에 맞게 솔직하기까지 하다.

대응 전략

— 　　　그녀의 말에 기분 상하지 마라. 그녀 같은 사람은 이런 일로 하나의

왕국을 구축한다. 조심스레 지켜보아라.

추가로 알아둘 점

— 사교적인 의례가 왜 필요한지 용감하게 입증하는 그녀를 관찰
해 '하지 말아야 할 일'의 목록을 작성하라. 그녀의 행동을 지켜보며 그녀가 뚫
고 나가는 한계선을 조심스럽게 기록하라.

무의식중에 시간 도둑이 되고 있는 것은 아닐까?
이를 어떻게 판단할까? 또 어떻게 중단할까?
그리고 언제나 모두를 지루하게 하는 그런 얼간이들에게
뭔가 조치를 취하는 게 가능하기는 할까?

7장에서 우리는

- 상대방이 내 얘기에 지루해하는 것 같을 때, 정말 그런지 듣는 사람의 마음을 읽는 법과 지루한 대화 응급처치
  방법에 관해 배우게 될 것이다.
- **Tip** : 자기 잘난 맛에 상대방은 안중에도 없는 사람을 만났을 때의 대처법이 제시되어 있다.

제 얘기가 재미없으세요?
지루한 대화 응급처치법

"내가 말하려는 건." 그가 멈춘다. 그리고 잔을 들이켜 비운다. 지나가던 종업원이 잔을 가득 채운다. 벌써 네 잔째다. 나는 얼마나 오랫동안 덫에 걸려 있었나? 그 따분한 사람이 비틀거리다 균형을 되찾는다. "죄송합니다. 제가 지루한가요?" 나는 거짓말을 한다. "아뇨, 전혀. 계속 말씀하세요." 그는 기뻐서 미소 짓는다. 그러더니 금세 찡그린다. "그런데 제가 무슨 이야기를 하고 있었죠?"

누군가가 정말 지루해 죽을 것 같아도 역사는 아무 상관없이 흘러간다. 지루해서 궁지에 몰리면 삶의 감각이 점점 쇠퇴한다는 것을 알 수 있다. 이는 고통스러운 일이다.

다른 사람을 지루하게 만드는 것은 단순히 매너가 나쁜 것 이상이다. 그것은 도둑질이다. 누군가를 붙잡고, 당신이 읽은 책의 줄거리를 자세히 설명해 봐라. 그녀가 무슨 생각을 할까? 간단하다. '아무 생각도 하지 않는다.' 내가 지루한 상황에 속해 있을 때는 이 사실을 쉽게 알아차리지만 내가 지루함의 원인일 때는 알아차리기가 쉽지 않다. 그래도 알아차리는 것이 나의 의무이자 권리다. 그러니 노력하라.

지루함이란 대체 무엇일까
:

이를 어떻게 판단할까? 또 어떻게 중단할까? 그리고 언제나 모두를 지루하게 하는 그런 얼간이들에게 뭔가 조치를 취하는 게 가능하기는 할까? 물론 가능하다. 지루하지 않은 것에서 지루함을 추려낼 수 있다면 사회생활이 개선될 수 있다. 그렇지만 말은 부호이고 인식이지 정신의 본질은 아니다. 지루한 사람은 만들어지는 것이지 타고나는 게 아니다.

이 얼마나 좋은 뉴스인가! 구원은 가능하다. 따분하게 앉아 지루함을 추적하는 대신 '지루하게 하는' 사례를 모아 그 원인을 조사한 다음 사뿐히 짓밟아버리면 된다.

지루함은 대화를 예술로 끌어올린다. 프랑스의 첫 번째 살롱은 권태에서 시작되었다. 1600년 이탈리아에서 파리로 갓 시집온 열두 살의 랑부예 후작 부인은 말할 상대를 찾지 못하자 좌담회를 도입했다. 살롱은 따분한 궁정에서 벗어날 수 있는 신성한 장소가 되었고, 살롱의 여주인은 탁월한 좌담가가 되었으며, 살롱에서는 심각한 화제가 활발하게 오갔다. 그리하여 의도하지 않게 그들의 답답한 세상을 마무리하는 데 도움을 주기도 했다.

그렇다면 지루함이란 대체 무엇일까? 역사학자들은 지루함이란 인간의 영원한 딜레마가 아니라 오히려 진화하는 개념이라고 말한다. 일리가 있는 주장이다. 그렇지만 '나태함'을 죄악시했던 중세와, 오늘날의 '지루함' 사이에는 분명 차이가 있다.

'지루하게 하다to bore'라는 말이 풍기는 비사교적인 느낌은 1750년 즈음 서서히 언어 속으로 진입해 '지루한 프랑스인French bore'이라는 표현이 탄생했고, '지루함boredom'이라는 단어는 그다음 세기에 찰스 디킨스의 『황폐한 집Bleak House』에 등장했다.

사전 편찬자들은 지루함이라는 단어가 어떻게 지금의 의미를 갖게 되었는지, 또 과거의 어떤 단어를 대체한 것인지 알아내지 못했다. 무감각한 '나태함'인지, 토라진 '의기소침'인지, 또는 평범한 '따분함'인지 말이다. 나는 '지루한 것bore'이라는 단어가 괜히 생겨난 게 아니라고 생각한다. 지루함이 대화에 구멍을 뚫어서 그 구멍으로 순식간에 열정이 새어 나가버리기 때문이리라bore는 '지루하게 하다'와 '구멍을 뚫다'라는 두 가지 뜻이 있다-옮긴이.

오늘날의 지루함은 레저 산업에 의해 상대적으로 대량생산되었다고 해도 될 것이다. 할 것이 아무것도 없을 때에는 물론이고 선택할 것은 많으나 시간과 노력을 들일만 한 것이 없어 보일 때 지루함을 느끼게 되니 말이다. 일반적으로 후자는 '선택적 무기력증'이라고 진단받게 된다. 가난하고 우울했던 1957년에는 자신을 '매우 행복하다'고 평가한 영국인이 52%였는데 2007년에는 36%에 그친 것으로 보아 특혜받은 현대의 서양인은 유행성 지루함을 겪고 있는 듯하다.

지루함은 웃을 일이 아니라 심각한 문제다. 지루함은 변화를 주도한다. 인류학자 랠프 린턴은 이렇게 주장한다.

지루해지는 능력은 사회적 욕구나 자연적인 욕구보다 오히려 뛰어나며 문화적 진보의 근본을 이룬다.

지루한 대화는 근본적으로 구조가 똑같다

:

'대화에 은근히 구멍을 뚫는' 그가 말한다. "네, 나도 예전에 일본에 간 적이 있어요." 처음 접한 신뢰성 있는 정보에 흥미진진해진 내가 말한다. "그랬군요! 어디로또는 언제, 왜 갔죠?" "음, 생각이 안 나는군요또는 오래전이죠, 또는 휴가차 갔습니다." 그러다가 그는 어느 순간 뜬금없이 일본 여행이 재미있었다고 덧붙일 것이다.

대화에서 최고 수준의 도전은 바로 '지루한 사람을 재미있게 만드는 것'이다. 우선 지루함을 분석하라. 지루함에 일조한 자신의 역할도 분석해야 한다. 지루함에는 두 가지 원인이 있다. 뭔가가 넘치거나너무 많으면 모든 정보가 똑같이 의미 없다 부족한 것이다. 아울러 지루한 사람들도 극단적인 두 타입으로 나뉜다. 하나는 자신의 목소리에만 열중하는 사람들이고, 다른 하나는 비굴하고 무기력한 사람들이다.

눈에 잘 띄는 사람들은 대부분 전자다. 그들은 블랙홀처럼 모든 빛을 흡수하지만 아무것도 되돌려주지 않는다. 비리 사건으로 망신을 당한 세계적인 미디어 재벌 콘래드 블랙이 바로 이 부류에서 세계 챔피언급이라 할 만하다. 그는 축복받은 기억력으로 역사와 시사에 대해 일장 연설을 늘어놓았고 유명한 사람들의 눈에 들어 사교계에서 출세하게 되었다.

후자인 '대화에 은근히 구멍을 뚫는 사람'은 전자보다 알아내기가 더 힘들지만 자기중심적인 것은 다르지 않다. 그들은 대화로 인해 위험에 빠지는 것을 너무나 싫어해 판에 박힌 상투적인 말만 하거나 침묵으로 일관하고 또는 어떤 결론을 낼 수 없는 이야기만 한다. 즉 효과적으로 아무 말도 하지 않는 것이다.

지루한 사람을 무시하는 것은 구미가 당기는 일이다. 그러나 무시하겠다고 스위치를 끄면 금세 대화 회로가 고장 난다. 따라서 이보다는 창의적인 해결법을 찾는 것이 낫다. 쉬운 일은 아닐 것이다. 지루한 사람들은 자신에게 문제가 있다는 사실을 깨닫지 못하기 때문에 좋은 친구가 되기 어렵다. 중상모략을 하는 사람들은 상대방을 대화 속으로 끌어들일 의무감을 전혀 감지하지 못하며, 상냥한 사람들은 자신의 관심사가 보편적이지 않다는 것을 알아채지 못한다.

본질적으로 지루한 사람이란 귀 기울이고 싶지 않은 사람이다. 사람들을 지루하게 만드는 일은 수없이 많지만 모든 지루한 대화의 구조는 근본적으로 똑같다. 인질이라도 잡아야 할 상황처럼 마지막 수단까지 다 써서 관심을 끌려는 투쟁인 것이다.

시끄러운 음악, 배고픔, 피곤함, 나쁜 기분 등 여러 가지 변수도 영향을 준다. 그리고 물론 누군가가 지루해 보일지라도 눈꺼풀이 축 처지는 이유에는 지루함 이외의 여러 가지가 있다. 대화가 정체되면 그 신호를 해석해 원인을 찾아낼 수 있을 것이다. 상대가 책임감 없는 사람인지, 아니면 나 스스로가 둔감한 것은 아닌지 말이다.

듣는 사람의 마음을 읽어라

상대가 다음과 같은 반응을 보이면 대화에 흥미를 잃었다고 확신할 수 있다.

상대가 흥미를 잃었다는 신호들

- 단음절 단어로 대답하거나, 닥치는 대로 말하거나, 다른 주제를 꺼내거나, 입을 꾹 다물고 있다.
- 눈을 두리번거리거나 도마 위의 생선처럼 눈이 흐리멍덩하다.
- 못마땅한 표정을 짓거나, 고개를 한 번도 끄덕이지 않거나, 계속해서 손목시계 줄을 만지작거린다.
- 가만히 보니 자신이 같은 말을 되풀이하고 있다.

"정말?"이라는 말이 잇따라 나오는 것은 대화가 아니다. 그리고 듣는 사람이 "흠"에 활기 없는 물음표를 첨가한다면 이야기를 계속 이

어가지 않는 것이 좋다. 그는 이런 뜻이다. '내가 관심 있는 것 같니?'

멍하니 있는 것을 제외하고는 듣는 사람이 피곤하다는 신체적 단

TIP

지루함을 깨는 비상구 대화법

옛날 친구는 그럴 만한 이유가 있어서 만난 지 오래된 친구다. 당신도 알
고 그녀도 알다시피, 그녀를 상대하지 않고 피하면 그녀에게 모욕감을
줄 수 있기 때문에 잘 행동해야 한다. 잡담 꾸러미가 쏜살같이 도망가게
하려면 아리스토텔레스에게 도움을 청하라. 아리스토텔레스는 이야기
에 시작과 중간과 끝이 있다고 주장했다. 대화를 끝으로 이끌려면 빠른
속도로 전개해나가면 될 것이다. 처음엔 과거, 그다음엔 현재, 그다음엔
미래의 순으로 구성하면 자연스러운 비상구를 만들 수 있을 것이다.

비상구 대화법

- **과거** : "안녕? 어떻게 지냈어?"

    "와, 그거 ~에 있던 거 아니야? 그녀는 어때?"

- **전환** : "한동안 그녀를 못 봤어."

    (어색한 침묵)

- **현재** : "너 이 근처에 살아?"

- **전환** : "멋지다. 나도 언젠가 그렇게 됐으면 좋겠다. 혹시 어떻게 하면

    그렇게 되는 줄 아니?"

- **미래** : "훌륭해. 잘 기억해 둘게. 아, 저것 봐. ~가 가려고 해. 얼른 따라

    가야겠어. 만나서 반가웠어. 다음에 다시 이야기하자."

서는 모호하다. 어떤 사람은 흥미가 있을 때 몸을 앞으로 내밀지만, 몸을 뒤로 기대고 있는 것도 대화를 충실히 하기 위한 자세로 볼 수 있다. 보디랭귀지 전문가들이 어떤 주장을 하든, 팔짱 낀 자세는 집중하고 있다는 신호이거나 싫증이 났다는 신호며 방어하는 자세이기도 하다. 그리고 소리 없이 싱긋 웃는 것은 소리 나지 않게 '맙소사, 진짜 이상한 사람이야'라고 말하는 것일 수 있다.

지루함을 읽어내는 것은 정밀한 과학이 아니라 사실에 근거한 기술이라고 하는 편이 더 맞다. 지루함은 무수한 세대를 거쳐 진화한, 사회적으로 살아남기 위한 본능이므로 느낌만으로 그 존재를 알 수 있다. 우리는 지루함을 분석할 수 있고 그것을 통해 지루함과 싸우는 법에 대한 단서를 얻는다. 내가 정말 지루하다면, 한 사람이 말하는 데 쓰는 시간T을 대화에 대한 나의 흥미 수준I(가장 낮은 1에서 가장 높은 10까지로 나누어본다. T/I, 이것이 지루함을 나타내는 지수다. 숫자가 높을수록 더 지루한 사람이다.

사람들의 흥미 평가에는 대부분 미묘한 차이가 있으며, 처음에는 흥미가 높이 치솟아도 시간이 지나면서 차차 꺾이게 된다.

3초 단위로 정보를 분류하라

:

유감스럽게도 듣기 능력은 인내심과 함께 바닥을 드러내며 쇠퇴하기 시작한다. 그러니 듣는 사람이 피곤해 보이거나, 내 맥주잔이 여전히 가득 차 있거나 맥주 거품이 사그라졌다면, 그리고 다른 사람들의 맥주잔은 모두 반쯤 비어 있다면 이제 그만 입을 다물자. 모든 주제에는 유효기한이 있다. 핵심에만 열중하라. 만약 더 듣고 싶은 것이 있다면 그들이 물어볼 것이다. 스스로를 훌륭한 대화 상대라고 믿는 이야기꾼은 이 같은 충고를 듣고 어리둥절해할지도 모른다. 특히 작가나 배우들 말이다. 그렇지만 대화 상대는 관객이 아니다. 그러니 말을 멈추어라. 연극을 보고 싶은 사람은 티켓을 사면 된다.

좋은 대화는 단체 경기와 같다. 보조를 맞추고 에너지를 쏟아 부으면 경기가 활기차게 유지된다. 영국의 낭만파 시인 셸리는 동료 시인 바이런과 나눈 대화에서 영감을 얻어 시를 썼다.

생각은 빠르기도 하여라.

웃으며 날갯짓하네, 꾸물거리지 않네.

하지만 뇌에서 뇌로 날아갔을 뿐이라네.

각각의 시구를 마음에 새기고 싶다면 시에서 한 줄만 떼어내 외워라. 마크 위트먼과 에른스트 포펠은 우리의 뇌가 3초 단위로 분류된 정보를 더 좋아한다는 사실을 발견했다. 음악이나 연설이나 시를 보면 거의 그런 형태다. 이런 성향은 문화적 차이를 초월한다.

여러 개의 언어로 시를 암송하는 실험을 했다. 언어와 관계없이 각각의 행을 읽는 데 3초 정도 걸렸다.

우리 모두는 이런 리듬을 잘 흡수한다. 이 불가사의한 3의 힘을 달리 어떻게 설명할까? 정치가는 외쳤다. "교육, 교육, 교육." 록 밴드 비틀스는 합창했다. "사랑, 사랑, 사랑." 그렇다면 3초의 핵심 내용을 살리기 위해 3분 연설을 버리는 편이 낫겠다.

꼬리에 꼬리를 무는 화법을 구사하라
:

듣는 사람의 반응이 늦어서 실망스럽더라도 포기하지 말자. '대화한다converse'는 의미의 라틴어 콘베르사레conversare는 '종종 방향을 바꾸는 것'이라는 뜻임을 유념하라. 함께 나누는 것은 사회생활의 핵심 원리다. 그리고 사람들은 대부분 자신에 대해 말하기를 좋아한다. 그러니 나의 대화 도구 상자를 열어 사람들이 참여할 수 있게 하라. 또 다른 주제로 확장할 수 있는 영역을 제시하며 질문을 하라"초콜릿 좋아하세요?"가 아니라 "코코아가 건강식품이란 게 믿어져요?"라고 말이다. 마찬가지로 당신이 질문을 받으면 다른 사람이 알아들을 수 있는 대답을 하고, 즉시 되받아치지는 마라. 이것은 게임이 아니지 않은가.

내가 아는 어느 외교관 아들은 어린 시절 지루한 자리에 자주 시달리고는 했다. 그때마다 이상한 단어를 엮어 가면서 그 자리를 견뎌 냈다. 지금 그는 질문을 또 다른 질문으로 바꿔치며 대화하는 데 고수가 되었다. 그렇지만 그가 무슨 생각을 하는지 알아내는 것은 어렵다. 가끔은 피곤하기까지 하다.

흥미로운 척만 해도 대화는 흥미로워진다

⋮

한 친구의 생일날 어떤 남자를 만났다. 내가 화장실에 가려고 잠깐 자리에서 일어나자 그는 애처로운 목소리로 "제가 정말 지루하죠"라고 말했다. 그 즉시 나는 그 말이 진짜라고 믿게 되었고 큰 소리로 그렇지 않다고 말했다. 그리고 5분만 더 있다가 화장실로 달려가야겠다고 생각했다. 공교롭게도 그렇게 자기 연민의 발언을 하기 전까지는 그가 마음에 들었는데 말이다.

'내가 당신을 지루하게 만들고 있군요'라고 말하고 싶다면 이를 잠재의식이 보내는 경고로 여기고, 그 말을 하는 대신 작별 인사를 하라. 그리고 기억하라. 지루함을 느끼는 것이나 지루하게 만드는 것은 알아차리기가 쉽지 않다. 그래서 상대방의 관점과 교류하지 못해 지루함을 느낀 사람에게 잘못이 있는 경우가 많다. 그러니 지루한 그에게 격려하듯 웃어주어라.

지루함에 대항하는 가장 효과적인 전략은 지루함을 알아차리지 않는 것이다. 이 전략은 내가 지루함을 느낄 때와 내가 지루함의 원인이라고 의심될 때 모두 적용된다.

앞서 말한 지루함을 나타내는 지수T/I에서 간과하기 쉬운 중요한 사실은 듣는 사람이 실질적으로 대화에 참여하는 강도에 따라서 주고받는 이야기의 가치가 바뀐다는 점일 것이다. 내가 대화를 흥미로 워하면 할수록 대화는 더 흥미로워진다. 흥미로운 척만 해도 된다. 귀찮을 거 뭐 있는가. 열중enthusiasm, 원래는 '신에게 사로잡힌'이란 뜻의 그리스어은 생각을 마찰시켜 이리저리 돌진하며 에너지와 열정을 타오르게 한다. 마술처럼 말이다.

다음에 소개하는 전략으로 지루함을 폭파시켜야 한다. 따분한 인터뷰이에게 활기를 불어넣는 방법을 주제로 한 신문학과 세미나에서 제시한 내용이다. 상대방이 '네, 예, 흠, 와!' 처럼 한 음절 단어로 단조롭게 대답한다면 웃고, 고개를 끄덕이고, 눈썹을 힘차게 움직이면서 그 단조로움을 자극하라. 말할 때는 활기차게 행동해야 한다. 그러면 말하는 단어의 어감을 더 확실히 각인시킬 뿐만 아니라 내가 대화에 더 많이 참여하는 것처럼 보인다. 정치가들은 입에서 뿜어져 나오는 뜨거운 입김에 중력을 싣기 위해 손을 위에서 아래로 내려찍듯이 휘두른다. 존경할 만한 전략이다.

주변을 둘러보면 소재를 찾을 수 있다

:

대화에 적합한 영감이 하나도 떠오르지 않는가? 구실이고 핑계일 뿐이다. 온종일 우아하게 입을 꾹 다물고 있다가 지루한 왕을 즐겁게 해야 한다고 상상해 봐라. 즐겁게 만들지 못하면 죽을 수도 있다는 생각으로 말이다. 예의범절과 단조로움으로 억압된 궁정 신하들은 누에고치처럼 갇힌 자신의 존재로부터 생존을 위한 소재를 풀어냈다. 그들의 화법은 연구할 가치가 있다.

10세기 일본 왕후 곁에서 재담을 담당했던 세이쇼나곤은 누구보다도 억압된 생활을 했다. 기껏해야 병풍을 사이에 두고그녀가 보이지 않도록 다른 사람과 재치 있는 즉답으로 시 겨루기를 하는 것이 삶에서 가장 흥분되는 일이었다. 그런 삶을 살았기에 대중 앞에 직접 나가서 즉흥적으로 시를 쓰는 일은 무서운 시련이었다. 그런 그녀를 구원해 준 것은 가벼운 대화였다.

그렇게 단절된 생활 속에서 그녀가 대화의 소재로 삼은 것은 무엇이었을까? 고요하게 떨어지는 꽃, 곱게 간 얼음에 시럽을 뿌려 향기롭게 하는 것, 햇살 좋은 날 내리는 눈 등. 그녀는 모든 사물을 가까이 보며 사소한 일에서 기쁨을 찾았다.

그녀처럼 주변을 둘러보아라. 그러면 무수한 소재를 찾을 수 있다. 무슨 말을 할까 생각하면서 서로를 쳐다보지 말고 바깥쪽을 보며 시선을 나란히 하고 대화를 나누면 유대감이 형성된다. 바텐더 뒤에 놓인 위스키를 애정 어린 눈으로 관찰하라. 나는 어릴 때 저런 나무에 오르는 걸 좋아했나? 저 남자는 여자에게 사랑을 고백하고 있는 것일까? 그 목걸이가 마음에 드는가? 그리고 그것에 대해 감탄하라. 지루함을 주는 사람이 어떻게 애쓰고 있는지 주시하라. 그가 등불을 켤지 모른다. 그러면 나는 뭔가 새로운 것에 시동을 걸게 될 것이다.

지루한 대화에는 배려가 없다

⋮

지루한 사람들을 보는 세이쇼나곤의 눈은 예리했다. 그녀가 생각하는 최고로 지루한 사람은 '말이 많고 크게 웃는 시시한 사람' 과 '너무 많은 단어를 사용하는 사람' 이다. 그들은 자신이 바보 같다는 것도 모르며, 너무나 자기중심적이어서 듣는 사람이 자신보다 더 잘 안다는 사실을 알아차리지 못한다. 여기서 지루한 사람의 치명적인 약점을 알 수 있다. 바로 '중요한 의미가 없다' 는 것이다.

듣는 사람에게 하나 이상의 화제를 제시하는 것은 참 고마운 일이다. 그렇지만 허튼소리를 지껄여대면 자아도취에 빠진 사람으로 보일 것이다. 이런 사람에게는 순진한 경우가 아니라면, 토론의 초점을 맞춰야 한다는 자각이나 상대방과 화제를 나누어야 한다는 자각이 없다.

듣는 사람이 참여할 수 없다면 모든 말은 에너지 낭비일 뿐이다. 목표물 없이 공을 던지는 것처럼 말이다. 어디에도 고리를 걸지 않은 말이 본래 지닌 흥미의 정도에 관계없이 지루하게 느껴지는 이유가 바로 이 때문이다. 그리고 말을 장황하게 늘어놓는 것은 분명 듣는 사람의 귀를 틀어막아 버린다. 나는 한 여자가 맹목적인 남자그는 사랑에 빠져 있었고 그녀는 모른척 하고 있었다에게 되받아친 말을 기억한다. 그녀는 이렇게 말했다. "세상에, 당신은 아침부터 쓸데없는 말을 쏟아내고 있군요." 그러나 그것은 사실과 다르다. 그는 많은 미사여구를 써서 그녀를 감동시키려 했을 뿐이다. 그러니 만약 고백을 받는 쪽에 서게 된다면 더 열심히 듣도록 하라. 화려한 말 속에 들을 가치가 있는 보석이 있을지도 모른다.

상대가 눈치 못 채게 대화의 방향을 돌려라
:

이상적으로 말하면 대화는 내재된 자아를 이끌어낸다. 이는 지루한 사람들의 사회 전략과 완전히 대치되는 것이다. 지루한 사람들은 같은 의견만 내세우거나 침묵으로 일관함으로써 대화의 중심부를 마비시킨다. 그렇다면 어떻게 해야 할까? 중국의 순자는 이런 깨달음을 얻었다. '최고의 병법은 전략 자체를 공격하는 것이다.' 그러니 지루한 사람을 누르려면 그들의 전략과 대화의 독점에 도전해야 한다. 그들의 주의를 딴 곳으로 돌리는 것이다.

왜 혼자서 대화를 독차지하는 지루한 상대를 신선한 아이디어로 공격하지 않는가? 지루한 사람을 놀리면 그가 낡아빠진 궤도에서 벗어나게 될지도 모른다.

나는 자만심으로 가득 찬 정치가가 장난삼아 던진 말에 점점 약해지는 것을 보았다. 대담한 궁정 신하들은 지친 주인에게 활기를 불어넣기는 했지만, 그중 몇 명은 도가 지나쳤다. 찰스 2세에게 총애를 받았던 로체스터 백작은 다음과 같은 말을 한 바람에 쫓겨났다.

> **신은 우리의 선하고 자비로우신 왕에게 축복을 내리시니**
>
> **왕의 서약은 아무도 신뢰하지 않노라.**
>
> **왕은 결코 바보와 말을 하지 않았으며**
>
> **아울러 현자와도 말한 적이 없더라.**

하지만 찰스 2세는 얼마 안 가 로체스터 백작을 복직시켰다. 삶이 점점 더 따분해졌기 때문이다. 아직도 이런 일은 말없이 진행된다.

지루함이 장점이 되기도 할까
:

보잘것없는 지식이 재미있는 일이 되어 상대방을 즐겁게 해줄 수도 있다. 문화인류학자들이 말했듯이 지루함은 발명을 자극한다. 소설가 월터 스콧은 이렇게 썼다.

배울 점이 없는 사람은 거의 없다. …그리고 모든 것은 알아둘 가치가 있다.

나를 지루하게 하는 사람이 있을 때 그것을 기회 삼아 대화 기술을 갈고 닦아보자. 그가 지나치게 지루하다면 내가 한술 더 떠 그가 한 대로 똑같이 할 수 있다. 알아챈다는 보장은 없지만 말이다. 그런데 곧 나 자신이 지루해질 것이다.

지루함이 장점이 되기도 할까? 심리치료사 애덤 필립스는 지루함을 '발달상의 성취'라 여겼고, 어른들은 아이들에게 '흥미를 가져야 한다'고 강요하며 지루함은 '아이들이 자신만의 시간을 갖는 과정에 없어서는 안 되는 요소'라는 사실을 알아냈다. 어쩌면 그가 옳을지도 모른다. 우리는 '지루함'을 외치기에는 너무 빠르게 살아간다. 우리에게는 즐거움이 필요하다.

나는 기차를 타고 가던 중 이런 장면을 목격했다. 한 남자아이가 가는 내내 징징대며 앓는 소리를 했다. 아이의 부모는 수시로 조용히 게임이나 하라고 말한 뒤 다시 읽던 책으로 돌아갔다. 그 아이의 노트북에서는 전투 게임 소리가 쩌렁쩌렁 울려 퍼지고 있었다. 내 앞에 앉은 노부인이 중얼거렸다. "저 애는 대화 상대가 필요한 게야." 우리는 찡그린 얼굴로 서로를 보았다. 그리고 다시 책을 읽었다. 돌이켜보니 그 아이가 안쓰럽다. 즐거울 수 없으니 말이다. 아이의 부모는 마치 그것이 아이 혼자만의 문제인 듯 행동했다. 그 가족이 함께 이야기도 하고 게임도 할 수는 없었을까?

연장자의 지혜와 경험에 귀 기울여라

⋮

기성세대는 요즘 세대를 버릇없다며 어리둥절해한다. 할머니들은 아이들의 장난감을 보며 안타까워한다. "우리가 어릴 때는 우리만의 재미를 만들어 냈는데 말이야." 그 세대는 TV에 푹 빠져 지내는 우리보다 이야기하는 법, 대화 나누는 법, 듣는 법에 대해 훨씬 더 많이 알고 있다. 느릿느릿하고 고리타분한 말이라고 무시하기 전에 인내심을 가지고 그들의 이야기를 들어보라. 그들이 품고 있는 지혜와 경험에 귀 기울인다면 당신의 삶은 분명히 더욱 풍요로워질 것이다.

지루한 사람에게 친절히 대하라. 언젠가 당신도 그렇게 될 수 있다.

귀머거리

도저히 용서할 수 없는 사람은 겉으로는 재미있어 보이지만 실상은 지루한 사람이다. 그런 사람은 주변에 관심도 없고 자기 잘난 맛에 살며 특권을 누리는 것을 당연하게 여긴다. 유명한 사람들, 부자나 노인들을 겪어본 사람이라면 이런 문제가 낯설지 않을 것이다.

폭탄 분석

— 귀머거리들은 어깨를 으쓱하는 것으로 거론하고 싶지 않은 질문을 소멸시킨다. 눈을 빙그르르 돌리는 것으로 감히 자기 대신 이야기를 독점하려는 사람을 방해한다. 내가 과감하게 그의 이야기에서 벗어나는 말을 하려고 하면 그는 탐욕스러운 주먹으로 테이블을 치며 말한다. "핵심은 말야!" 그러나 그들은 자만을 통해 종종 보상을 받기도 하고, 대개 자신을 숭배하는 눈먼 배우자를 만난다. 아울러 인간관계에 실패한 사람들도 그 주위로 몰려들어 시야가 좁으나마 사교 관계를 형성한다.

대응 전략

— 그들에게 나의 존재를 일깨워라. 그의 독백을 단축시키기 위해 비교하고, 조언을 구하고, 반대 예시를 들어라. 그의 증상이 치명적이라면 핵심, 즉 잘난 체하는 행동을 공격하라. 그리고 자랑거리 하나하나에 공감을 표하라. "그렇

게 많은 집을 찾아 돌아다니다니 정말 끔찍하군요!" "그런 사업이 침몰하면 안 되겠죠?" 왕권이 소멸된 이후 버릇없는 부자들을 불쌍히 여길 기회가 얼마나 많은가? 그 슬프고 외로운 백만장자들을 말이다.

나는 옆자리의 살찐 남자에게 물었다.
"저 살찐 돼지는 누구죠?"
"이 살찐 돼지의 아내요."
"아! 정말 엄청나게 실례했습니다."
다행히도 그는 나를 저녁 식사에 초대했다.

8장에서 우리는

- 딱딱한 분위기를 깨고 싶을 때, 유쾌한 사람으로 기억되는 유머의 법칙을 배울 것이다. 우스운 사람이 되지 않고 재치 있는 사람이 되기 위한 비밀을 배워보자.
- **Tip** : 고압적으로 반응을 강요하는 사람을 만났을 때의 대처 방법이 제시되어 있다.

8

절대로, 절대로 웃기려고 노력하지 마라!

유쾌한 사람으로 기억되는 유머의 법칙

나는 결코 대놓고 농담하지 않는다. 내가 재미있어 보이려고 노력하지 않는 것이 아니라 단지 측면 접근을 더 좋아하기 때문이다. 유머를 몰래 말에 끼워 넣으면 내 농담을 아무도 알아채지 못하더라도 슬쩍 넘어가면 그만이니까 말이다. 왜 모든 일에 고민하는가? 영국 소설가 로버트 루이스 스티븐슨은 이렇게 못 박았다.

대화에는 설교와 같은 냉랭한 면역성이 전혀 없다. 한마디 농담을 던지면 엄숙한 허풍이 웃음 속에 녹아버린다.

하버드대 연구원들은 밝게 사는 사람들이 불행한 사람들보다 더 오래 산다는 사실을 발견했다. 너무나 당연한 것이, 밝은 사람들은 유머를 통해 친밀감을 불러일으켜 외로움을 느끼지 않기 때문이다.

유머는 자신을 잊게 해주며 불안한 감정을 든든하게 받쳐주고 힘과 친구들을 모아줌으로써 마음을 단련시킨다. 침실에서나, 회의실에서나 마찬가지다.

누구나 유머를 통해 무언가를 얻을 수 있다. 맥 빠진 유머를 걱정하는 사람은 나뿐이 아니며, 다른 사람의 단순한 재치에도 낄낄거리는 사람 또한 나 말고도 많다. 이렇게 겁 많은 사람들은 사회생활에서 신중하고 타산적이다. 무엇이 재미를 만드는지 정확하게 알 수는 없지만 분명한 것은 웃음으로 대화를 효과적으로 바로잡을 수 있다는 것이다. 이것은 무엇을 의미할까? 우선 웃음이 어떻게 작용하는지 잘 안다면 누구나 우스운 사람이 아니라 더 재미있는 사람이 될 수 있다.

웃는 순간 어색함은 사라진다

⋮

신경과학자 로버트 프로바인은 학회에서 대화할 때 동료에 대한 신뢰보다 웃음이 더 큰 의미가 있다는 사실을 직감했다. 그는 1200가지의 웃음 에피소드전형적인 사회적 상황에서 웃음이 나오게 하는 대화의 순간를 조사하기 위해 자료를 모았다. 놀랍게도 '웃기 직전에 했던 말의 20% 미만 정도만 우스운 이야기로 추정되었다.' 전형적으로 웃음을 주는 말에 "알고 있어!" "나도 만나서 반가웠어." "내가 무슨 말을 하겠니?" "잘 지내니?"가 포함되었다.

유머 때문이 아니라면 과연 무엇 때문에 웃는 것일까? 프로바인은 우리가 유인원에게 물려받은 '동물적 본능으로 툴툴대거나 낄낄댄다'고 추측했다. 그럴지도 모른다. 그렇지만 좀 더 쓸 만한 개념은

TIP
웃음의 비밀

철학자 앙리 베르그송은 "모든 웃음은 본래부터 사교적이다"라고 말했다. 심리학자들은 고립이나 그 부산물인 자의식 같은 성향은 유머 감각과 공존할 수 없다고 확증했다. 거꾸로 말하면 우리는 다른 사람의 영향으로 웃게 된다는 말이다.

7세 아이들 몇 명에게 헤드폰으로 코미디 테이프를 듣게 했다. 실험실에 혼자 있는 아이들은 거의 웃지 않았다. 하지만 둘이 있는 아이들은 박장대소를 했다. 게다가 아이들이 가까이 앉아 있을수록 둘 다 웃는 일이 더 많았다. 한 사람만 테이프를 듣고 있더라도 말이다.

웃음은 반사작용으로 일어날 뿐만 아니라 전염성도 있다. 그래서 방송 진행자들은 출연자를 잘 다루기 위해 낄낄거리며 대화하는 '웃음 언어'에 골몰한다. 또 요즘은 시트콤에 방청객의 웃음소리를 녹음한 음향효과를 집어넣는다. 일반적으로는 자신이 한 농담에 웃는 것은 잘못된 거라고 하지만 웃음 분석가 로버트 프로바인은 듣는 사람보다 말하는 사람이 평균 46% 더 많이 웃는다는 사실을 알아냈다. 그리고 매력적이라고 생각하는 사람을 보고 더 잘 웃는다. 반대도 적용된다. 즉 내가 다른 사람을 많이 웃길수록 상대가 내게 더 큰 매력을 느낄 것이다.

이것이다. 말 속에 포함된 수많은 요소처럼 웃음은 소통을 매끄럽게 하고 소통의 방법을 재정비하는 장치라는 것이다.

우리가 '웃는다'는 것은 그 원인이 농담 때문이기도 하지만 다른 모든 사람이 웃어서 친밀감이 활성화되었기 때문이기도 하다. 후자의 경우 십중팔구는 농담 때문이 아니라 웃음이 사교적인 역할을 했기 때문이다. 웃음은 감탄부호처럼 '만나서 정말 반가워!' 또는 '혜원아? 그래서 그렇구나!'라고 말한다.

웃음은 감정적인 면에서는 동의를 나타낸다. '나는 너와 이야기하는 중이고 그게 좋아!' 그리고 실제로는 화제의 전환을 상징한다. 그래서 "내가 무슨 말을 하겠니?"라는 말 다음에 웃는 것은 '그 화제는 할 말이 별로 없어! 다른 이야기 없어?'라고 말하는 것과 같다. 그리고 새로운 사람이 도착하면 웃음의 구두점이 대화에 틈을 연다. 새로운 사람이 대화에 끼도록 하기 위해서, 또는 다른 사람을 대화에서 끌어내려고 말이다.이전의 대화에서 벗어남을 예고한다.

우리는 진지한 분위기를 바꾸려 할 때 웃음을 전략적으로 이용한다. 예를 들면 사람들 대부분은 곤란한 화제를 제시한 다음에 웃는다. 이런 반사 행동은 듣는 사람에게 두 가지 선택권을 준다. 같이 웃거나, 또는 진지하게 반응해 그 화제에 대해 말하는 것이다. 그러므로 큰 실수를 재치 있는 말로 덮을 수 있다. 만약 다른 사람들이 웃는다면 진지한 순간은 사라지고 대화는 어색함에서 벗어날 것이다. 그리고 말한 사람은 원래의 입장으로 돌아가게 된다. 그들이 처음에는 나를 비웃었다 해도 이제는 내게 동의할 것이다. 나의 재치 있는 말

덕분에 가능한 일이다.

이것은 웃음이 대화에 어떻게 리듬을 주는지, 그리고 어떻게 친밀감을 조성하고 긴장을 풀어주고 감정을 상호 교환하고 주파수를 맞추는지 설명해 준다. 웃음은 동시에 아주 정확한 방법으로 대화에 활력을 주기 때문에 웃음의 파동이 없으면 말은 생명력이 없어진 것처럼 느껴지고, 사교 체계가 무너진다. 농담을 못 알아들어 박자를 놓치고 너무 늦게 웃으면 곧 그 모임에 끼지 못하고 있다는 사실을 알게 될 것이다.

큰 실수는 재치로 덮어라
:

1750년 파리의 오페라극장, 카사노바가 한 오동통한 남자와 잡담을 하고 있었다. 그러던 중 '보석으로 휘감은 체구가 어마어마한' 부인을 발견했다.

카사노바 : 저 살찐 돼지는 누구죠?

오동통한 남자 : 이 살찐 돼지의 아내요.

카사노바 : 아! 정말 엄청나게 실례했습니다.

다행히도 그 남자는 '목이 메도록 웃으며' 카사노바를 저녁에 초대했다. 재치 있는 농담은 궁지에서 빠져나오도록 도와주기도 한다.

진실을 진지하게 말하면 위험해질 것이다

:

정곡을 찌르는 웃음은 강력한 무기가 된다. 14세기의 예술가 조토는
재치 있는 응수로 사회적 지위의 경계선을 허물고 나폴리 군주와 우
정을 맺었다. 어느 찌는 듯한 여름날 군주가 조토에게 말했다. "내가
자네라면 그림을 그만 그리겠네." 이에 조토가 이렇게 응했다. "저도
그럴 것입니다. 제가 폐하라면 말이지요." 이것은 조지 버나드쇼의
주장을 뒷받침하는 충분한 증거가 되는 듯하다.

**상대방에게 진실을 말할 때는 농담처럼 말하는 게 낫다. 진지하게 진실을 말
하면 그가 나를 죽일지도 모른다.**

사람들을 웃기면 살인도 면할 수 있다. 웃음이 작은 정신적 폭발을
일으켜 생각과 신체를 무력화시키기 때문이다. 운동선수들은 상대
선수의 집중력을 흩트리기 위해 비웃음을 활용한다.

좋은 농담은 앞뒤가 맞지 않다

:

유머를 정의하는 건 태양 광선을 조각하거나 무지개를 병에 담으려
는 것처럼 어리석은 일이다. 철학자인 볼테르는 이렇게 경고했다.

농담을 해석한 것은 더 이상 농담이 아니다. 누구든 경구를 논평하는 사람은 바보다.

코미디언들은 코미디를 분석하는 것이 코미디를 얼마나 망치는지 아느냐고 되풀이하지만 이는 외과의사가 사람의 다리는 자연이 만

상대를 웃게 만드는 기술

재치 없이도 웃음을 끌어내는 화법은 다음과 같다.

① 긴장 풀기 : 격의 없이 행동하기, 대상에게 집중하기 (억압받으면 웃음이 찌그러짐)

② 가까이 서기 : 가까우면 가까울수록 더 잘 웃는다.

③ 가끔씩 가볍게 스킨십하기

④ 시선 마주치기

⑤ 자신이 즐겁다는 것을 보여주기

⑥ 가짜 미소 짓거나 웃지 않기 : 진정한 미소가 눈길을 끈다.

⑦ 다른 사람 끌어들이기 : 웃음의 SOS는 다른 사람들을 끌어당긴다. 그러면서 지루함은 줄여준다.

⑧ 즐거워지기를 기대하기 : 낙천적이어야 유머를 최대한 활용할 수 있다.

⑨ 자신의 농담에 웃기 : 단, 큰 집단에서는 예외

⑩ 술 마시기

든 놀라운 창조물이니 토막을 내면 안 된다고 말하는 것과 비슷하다. 코미디언들이 말하고자 하는 것은 웃음을 일으키는 요소를 분석한다고 해서 많은 웃음을 주는 건 아니라는 것이다. 그리고 농담을 조금 익혀놓으면 여러모로 쓸모가 많다.

영국 드라마 〈사무실The Office〉의 스타 작가이자 코미디언인 리키 제바이스는 유머에는 금기가 없다고 주장했다. 그렇지만 금기에 손을 대는 것, 감성을 확 불러일으키는 것이 코미디가 존재하는 이유다. 각 농담에는 희생양이 있다. 농담을 통해 분명 '얻을' '무언가'가 있다는 말이다. 그 '무언가'가 누군가의 신념이고, 그가 이 신념을 소중히 여긴다 해도 결국 농담으로 표적이 된 그를 깎아내리게 된다. 바보가 된 그를 비웃으면서 말이다. 코미디는 우리가 불편함을 느끼는 영역의 경계를 넘나든다.

공격의 문구는 간접적인 경향이 있다. 문화인류학자들의 연구에 따르면 북미 부족들은 다음의 일곱 가지 화제를 피해 농담을 한다.

피해야 할 농담 주제 7가지

• 사회의 고정관념, 인간관계

• 세력과 권력

• 성과 성별

• 결점이나 사회 일탈

• 질병, 고통, 죽음

• 종교

농담의 표적이 되는 이런 욕망과 약점의 원천은 어디서든 신경을 자극한다. 코미디는 물체를 왜곡시키는 거울처럼 우리를 불안하게 만드는 요소를 극대화하며, 우리의 두려움이나 어리석음을 우스꽝스럽게 만들기 때문이다. 코미디는 위협을 없애고, 권력을 축소시키고, 이상한 사람을 우스운 사람으로 변화시킨다.

언제나 인기 있는 간결한 농담의 기법을 간과해서는 안 된다. 반면에 상대를 웃음거리로 만드는 말장난은 유머의 정크푸드다. 이런 말장난은 듣는 사람의 뇌를 혼란스럽게 해 웃음을 잃게 만든다. 그래서 사람들이 이런 말장난을 싫어하는지 모른다.

자신의 실수를 웃음거리로 만들어라
:

비극+시간=코미디. 시간이 지나야 비극이 코미디가 될 수 있다는 말이다. 농담은 '감동을 주는 비문'으로 쓰일 때 효과가 확실하다. 단, 감정이 아직 식지 않았을 때는 효과가 높지 않으며, 다른 사람을 희생시켜 웃음을 얻으려다 자신을 깎아내리게 될지도 모른다. 듣는 사람이 사실이라고 가정하는 것을 농담의 목표로 삼아라. 이보다 더 좋은 방법은 자신에게 불리한 농담을 하는 것이다.

그런데 대담하고 뛰어난 재치를 발휘하고 싶거나, 사회적 자멸을

각오한 재치를 내보이려면 다음과 같은 표적에 달려들어야 한다.

농담을 위한 주제들

- 방에 있는 다른 사람들 묘사하기 (어떤 모습이고, 어떤 냄새가 나고, 어떤 소리가 나고, 어떤 느낌이고, 어떤 취향인가.)
- 아내, 남편, 아이들, 형제, 부모
- 애완동물
- 가난하고 궁핍한 사람들
- 생리현상 (구린내, 생물학적 위험 요소)
- 세상에 알려지지 않은 취미, 체스, 우표 수집, 수학, 물리학, 심원한 것
- 삶이 얼마나 멋진지, 자신이 얼마나 눈부신지
- 전염병, 기아, 전쟁, 역병
- 징글맞은 음식 · 음료수 · 손님 (주인 입장에서)
- 징글맞은 주인 (내가 주인이 아니라면)

유머는 상황이 만들어낸다

2007년에 조사한 결과에 따르면 일반 도시인이 기억하는 농담은 단 두 개뿐이라고 한다. 놀랍지 않은가? 사실 그렇게 놀랄 일도 아니다.

사회적인 유머는 일반적으로 미리 준비된 것이 아니라 상황이 만들어낸다. 그리고 직업적인 코미디처럼 농담을 독점하는 조건에서

유머의 공식

작고 위대한 찰리 채플린은 코미디에 대해 짧고 간결하게 정의했다. '두 가지 상반된 아이디어가 충돌한 것.' 가장 단순하게 보면 코미디는 두 부분에서 시작된다. 코미디를 하기 위한 준비 과정(코미디에 대한 기대감을 불어넣는다)과 급소를 찌르는 말(기대감을 폭발시켜 속임수임을 드러낸다). 가장 부조리한 원리를 체계화한 수학 등식처럼 좋은 농담은 앞뒤가 맞지 않는 아이디어로 구성되며, 이런 아이디어는 너무나 우회적으로 뒤얽혀 있어 마지막에 가서야 그 속임수가 드러난다.

코미디를 두 가지 이야기로 구성된 것이라고 생각해 보자. 준비 과정에서 이야기 하나를 암시한다고 하면(듣는 사람들이 믿는 이야기), 처음부터 코미디 안에 숨어 있던 두 번째 이야기는 급소를 찌르며 드러나게 된다. 그러나 이 등식을 결코 머리로는 이해할 수 없다. 마술의 속임수처럼 논리를 문제 삼지 않기 때문이다. 기대에 어긋나면 마음이 깜짝 놀라고 웃게 된다.

- **준비 과정 + 급소를 찌르는 말 = 웃음**
- **모순 × 믿기 쉬움 = 깜짝 놀람**

웃음을 효과적으로 얻어내기 위해 준비 과정에서 꺼낸 첫 번째 이야기는 듣는 사람이 사실이라고 가정한 특정한 내용을 표적으로 삼는다. 목표가 정확해야만 두 가지 생각이 부딪치고 충돌하면서 비틀거리고, 머리를 마찰해 환희로 전율한다. 이런 속임수는 지능적인 요술을 통해 이루어지며, 농담이 숨어 있는 두 번째 이야기는 준비 과정 어딘가에 묻혀 있다.

스탠드업 코미디언인 그레그 딘은 이를 '연결기'라고 부른다.

하지만 이 방식은 목표가 사실일 때에만 작동한다. 듣는 사람이 사실이라고 가정한 부분에 쾅 부딪치면서 말이다. 바로 이런 이유로 다음과 같은 농담이 가장 좋다.

- **간결한 농담** : 자세한 내용을 열거하기만 함, 불필요한 단어를 쓰거나 반복하지 말 것
- **알아듣기 쉬운 농담** : 의미심장한 말투와 무게 실은 휴지부, 연결기와 폭로에 주목하게 함
- **오해와 놀라움을 극대화하기 위해 때가 적절한 농담**

급소를 찌르는 말은 마지막까지 아껴야 한다. 청중을 완전히 사로잡은 다음 첫 줄거리를 뽑아내며 다음 단계로 약간 나아가고(올가미), 듣는 사람의 상상력에 이야기가 자리 잡게 한다.

- **전제** : 남편이 들어와서 말하더군요. 로잔, 침대에서 좀 더 적극적이었으면 좋겠어.
- **올가미** : 그래서 나는 그 말에 대해 생각했어요. 그리고 며칠 뒤 우리는 침대에 누웠고 남편이 내게 손을 뻗어왔죠. …내가 말했어요.
- **휴지부**
- **급소를 찌르는 말** : (외치며) 싫어어어어어어어어어어!

그러면 첫 번째 이야기가 표적으로 삼은 것, 즉 듣는 사람이 사실이라고 가정한 것은? 부인이 남편을 만족시키고 싶었을 거라는 생각이다.

는 대화에 유용하게 쓰일 만한 유머를 전혀 찾을 수 없다. 다시 말해 청중 앞에서 공연하는 듯한 대화 방식은 매우 비사교적이어서 실제 대화에 응용하는 데 어려움이 있다. 어쨌든 다음에 소개하는 전문적인 코미디 지식을 활용해 일상적인 재담의 흥을 돋우는 시도를 해볼 수는 있겠다.

상대를 웃게 만드는 7가지 법칙
⋮

1. 부적합한 요소를 엮어라

웃음을 터뜨리려면 부적합한 요소를 혼합하라. 즉 나쁜 것을 찬양하고, 과장하고, 말을 삼가고, 화난 척하고, 기쁜 체하는 것이다. 반전을 이용하는 것도 한 방법이다. 유머는 약삭빠른 꾀로 작동된다. 일방적으로 말해버리는 것이 아니라 코미디에 대한 기대를 이용하는 것이다. 기회를 잘 잡지 않으면 급소를 찌르는 말이 쓸모없어질지도 모른다.

ex. "팬케이크 롤이 나를 삼켜버릴 것 같아요." ("팬케이크 롤이 정말 크네요" 대신)

2. 긴장감을 조성하라

혼자 무대에 서서 재담하는 스탠드업 코미디언들은 말한다. "급소를 찌르는 말에 절대 발을 들여놓지 마라." 이 말의 뜻은 이렇다. '농담을 하기 전에 잠시 멈춰 그 순간을 맛봐라.' 아자예 프랭클린은 이 말을 '도화선의 점화' 라고 정의했다.

ex. 재미있는 이야기를 꺼내어 긴장감을 조성하고, 듣는 사람의 마음에 오해와 기대가 스며들게 하면서 한 가지 중요한 원칙을 고수하는 것이다. 바로 결정적인 말을 꼭 꺼내야 할 순간까지 꼭 쥐고 있는 것이다.

3. 절대로 웃기려고 노력하지 마라

감독들은 천재 배우 멜 브룩스에게 '절대로 절대로 웃기려고 노력하지 말라!' 고 요구한다. 이 충고는 결코 웃기지 말라는 뜻이 아니다. 오히려 웃음을 이끌어내기 위해 긴장을 풀라는 뜻이다.

ex. 털북숭이 강아지 이야기 말고 재치 있는 말을 시도해 보자. 그리고 미소를 지어라. 더 자신있게 보일수록, 그리고 기분을 덜 드러낼수록 목소리가 더 선명해지고 재미있는 사람으로 보일 것이다.

4. 뜻밖의 칭찬을 슬금슬금 내보내라

유머에 실패하는 가장 일반적인 이유가 청중을 오판하는 것이라면 두 번째 이유는 청중을 너무 잘 알아서 그들의 불안감을 쿡 찌르며 비밀을 누설하기 때문이다. 자신의 예리함을 널리 선전하지 마라.

ex. 사정을 살피기 전에 '여기 우스운 사람 있어요' 라고 알리거나 자신을 높게

평가하지도 마라. 대신 코미디언이 하는 것처럼 청중과 소통하면서 뜻밖의 칭찬을 슬금슬금 내보내라.

5. 집단을 읽어라

집단이 나를 읽을 수 있다는 점도 알아두도록 하라. 그리고 무엇이 듣는 사람을 움직이게 만드는지 주시하라. 그 진실을 완벽하게 점령하라. 또는 또 다른 코미디 방식처럼 재미있는 의견을 내는 것이 아니라 재미있는 방법으로 의견을 내라. 케케묵은 방법은 잊어라. 사람들이 내가 정한 코미디의 진가를 더 쉽게 인정할 것이다.

ex. 말하라. 맥주 캔을 따려다가 고리만 떨어졌을 때의 참담함에 대해, 또는 인색한 이웃에게서 친절한 대접을 받아보려고 애쓰는 일에 대해서 말이다.

6. 생생한 단어를 써라

유머는 두 갈래의 혀이중적 뜻이나 모순, 상징, 비유 등로 말하지만 너무 복잡하면 아무도 알아듣지 못한다. 교묘하게 꼰 농담에는 딱 파악되는 만큼만 속는다. 그러니 간결하게 말하라. 되도록 단어를 적게 쓰고 생생한 단어, 눈에 보이는 듯한 단어를 써라.

ex. 표정과 몸짓을 섞어가며 이야기하라. 마음의 눈을 현혹시키면 급소를 찌르는 말이 돌진해도 깨닫지 못할 것이다.

7. 불행을 웃음으로 넘겨라

내가 자꾸 넓어져만 가는 엉덩이 때문에 징징거렸다. 남편이 침대에 누워 눈을 감고 한숨을 쉬며 말했다. "전혀 안 그런걸." 그래서 나는 폴짝폴짝 뛰었고 침대가 큰 소리를 내며 내려앉았다. 내 자리 쪽 다리가 부러진 것이다. 남편이 앓는 소리를 하며 일어났고, 우리는 침대를 들어올렸다. 또 한 번 와지끈 소리가 났다. 남편 자리 쪽 침대 다리가 부러진 것이다. 결국 남편도 웃고 말았다.

유머로 삶을 즐겨라

⋮

사실 사교적인 잡담에서 자연스럽게 웃을 수 있는 분위기가 형성된다면 굳이 농담을 하려고 애쓸 필요가 없다. 대화의 분위기를 부드럽게 이어가기 위한 유머 전략은 다음과 같다.

신경에 거슬리는 일이 일어났는가? 그럼 이렇게 말하라. "제 목소리가 불안정해도 걱정하지 마세요. 그냥 놀랐을 뿐이에요." 그가 재미있는 이야기랍시고 말했는데 공감이 안 되는가? 침묵으로 그를 더 부끄럽게 만들지는 말아야 한다. 눈썹을 살짝 올리는 것으로 충분히 대화가 부드럽게 이어진다.

웃음 요법의 창시자인 노먼 커즌스에 따르면 유머에는 놀라운 치료 효과가 있다. 실제로 그가 불치병에 걸렸을 때 질병illness이 정신 상태의 영향을 받는다는 가설을 세우고 질병을 '아픈 것illness' 이라는 표현 대신 '나아지는 것wellness'이라고 불렀다. 또한 코믹 비디오를 보며 신나게 웃었다. 이런 긍정적인 마음가짐으로 그는 0.2%의 회복 가능성을 깨고 악전고투하던 병을 이겨냈다.

반응을 강요하는 사람

눈썹이 있다는 것은 하늘에 감사할 일이다. 안 그랬으면 "믿을 수 있겠어요?"라는 말로 이야기를 시작하는 사람에게 무슨 일인지 궁금하니 얼른 말하라는 뜻을 어떻게 전달하겠는가. 말동무는 지치는 법도 없다. "연주회가 정말 놀랍지 않아요?" 같은 고압적인 느낌의 말은 '어제 타 마신 레모네이드처럼 맛없는' 이야기에서 뻗어 나와 청중의 귀를 끌어당기며 반응을 보이라고 다그친다.

폭탄 분석

— 　　어느 정도는 이런 신호가 환영을 받는다. 그렇지 않으면 어느 부분이 매혹적이라는 것인지 어찌 알겠는가. 그렇지만 감정에 호소하는 이런 지시 때문에 우리는 자기도 모르게 놀라움이나 괴로움을 느끼게 되고, 그 의도에 순순히 응하는 착한 사람이 웃음 짓는 동안 '나는 왜 불쾌할까, 왜 지루할까' 의아해하면서 반감을 억누르게 된다(잔소리 때문이 아니라 결국 그 잔소리가 '한번 생각해봐'라고 명령하기 때문이다). 설상가상으로 이런 사람은 반응을 강요하느라 아주 바쁘다.

대응 전략

— 　　이런 사람은 호의적인 뜻으로 말하지만 우리는 모두 해석하기 바빠서

그 이야기에 흥분할 겨를이 없다. 내가 그 이야기를 믿을 뿐만 아니라 더 나은 이야기도 알고 있다면 그 대화에 참여하라(그럼으로써 모두에게 잠시 쉴 시간을 좀 주도록 하라). 이렇게 말하면서 말이다. "네, 그러고 보니 그때가 떠오르네요."

추가로 알아둘 점
내가 "우왜!" 하며 지지의 말을 꺼내기 시작하면 대화가 서서히 내리막으로 접어들고 있다고 잠재의식이 암시하는 것이다. 좀 더 창의적인 지지 방법을 찾거나 그 상황에서 빠져나오도록 하라.

PART

3

끌려 다니지 않고
리드하는 대화기술

다음과 같은 말을 하고서 조용히 넘어갈 수 있겠는가?

"당신은 생긴 것처럼 머리가 나쁜가요?"
"정말 한 대 치고 싶네요."
"당신한테서 고약한 냄새가 나요."

9장에서 우리는

- 거짓말하면서 자책감이 들고 거짓말 할까 말까 고민하는 착한 사람들을 위해 적극적으로 거짓말 하는 법과 거짓말에 속지 않는 전략을 배우게 될 것이다.
- **Tip** : 계속 빙빙 둘러대며 피곤하게 하는 사람을 만났을 때의 대처법이 제시되어 있다.

그에게 진실을 말해야 할까?

거짓말하는 법, 거짓말에 속지 않는 법

우리가 미심쩍은 생각이나 욕구, 고충을 모조리 말로 표현한다면 우리에게도 신의 가호가 필요할 것이다. 상상해 보자. 다음과 같은 말을 하고서 조용히 넘어갈 수 있겠는가?

"당신은 생긴 것처럼 머리가 나쁜가요?"
"정말 한 대 치고 싶네요."
"당신한테서 고약한 냄새가 나요."

우리는 믿고 싶어 한다. 거짓말쟁이는 처벌받고 그들의 음모는 실패한다는 말을. 그렇지만 이것은 스스로를 속이는 일이다. 법정에서 증인들이 진실을 말하고, 오로지 진실만을 말하겠으니 '신이여 저를 도와주소서'라고 하는 데에는 다 이유가 있다.

무조건 정직한 사람에게 믿음이 갈까

⋮

만약 우리가 한 치의 어긋남도 없이 정직하다면 서로에게서 믿음을 얻을 수 있을까? 수의사 요브 알로니 질보아는 '일류 레스토랑'에서 토끼 고기를 먹다가 진퇴양난에 빠졌다.

> 절반쯤 먹고 있는데 뼈가 나왔다. 나는 조용히 생각했다. '이게 아닌데.' 나는 다른 뼈가 더 있는지 확인해 보았다. 토끼 고기라면 이런 뼈는 없어야 했다. 그런데 있었다. 나는 우리가 고양이 고기를 먹고 있다는 사실을 깨달았다. 솜씨 좋게 양념한 연하고 촉촉한 고양이 고기……. 그러나 아무런 불평도 하지 않았다. 내게 식사 대접을 하는 사람이 너무도 부끄러워할 것 같았다.

사교에는 자기희생과 친절, 그리고 자기 검열이 필요하다. 어색한 순간을 뛰어넘고, 자신의 감정을 아끼며, 표정을 유지하는 것. 보이지 않는 거짓을 한 땀 한 땀 꿰매어 엮은 이런 행동을 하면서 듣는 사람에게 맞춰 이야기한다. 그러나 그 과정이 워낙 자연스럽다 보니 그렇게 하고 있다는 사실을 거의 알아채지 못한다. 이론상으로는 그렇다. 인간의 성공은 사교성에서 비롯된다. '협조적, 우호적, 경쟁적, 투쟁적'이라는 사교의 네 가지 목표에 내포된 진실은 모두 수정될 수 있다.

자꾸 보채던 아기가 부모 팔에 안기는 순간 순식간에 안정을 되찾는 사례에서 알 수 있듯이 거짓말은 타고나는 행동이다. 그렇지만 꾀부리는 행동은 사회생활을 통해서만 배울 수 있다.

걱정스럽게도 거짓말을 아끼는 태도는 시대에 뒤떨어지는 일이 되었다. 고백이란 양심을 다 털어놓는 행동에 대한 보잘것없는 대안에 불과하다. 게다가 다른 사람과의 '공유'도 거의 이루어지지 않는다. 모든 영역에 접근할 수 있지만 인터넷이라는 정보의 늪에서는 누구나 텔레비전 드라마에서처럼 스스로 자신을 과시하며 드러낸다. 그리고 이기적인 행동에 불과한 '다른 사람에 대한 솔직한 비평_{즉 남 이야기 까발리기}'이 도덕적 미덕으로 통한다.

항상 솔직한 말만 하는 사람은 불편하다
⋮
가수 무트야 부에나는 자신의 솔직함에 대해 이렇게 변명한다.

> "사람들이 그러더군요. '당신은 아주 예쁘긴 한데 무척 무례하군요. 그런 식으로 말하면 안 돼요.' 뭐라고요? (여기서 엄청난 손동작을 상상하라.) 그건 나도 어쩔 수 없어요. 나는 세 명의 오빠들 사이에서 자랐어요. 무의미한 말은 하지 말아야 한다는 사실을 배웠죠. 그렇게 행동했을 뿐인데 사람들이 나한테 위협을 느끼는 것 같아요. 어린애들까지도 말이죠. 내 성질을 고약하고 무섭다고 생각하는 것 같아요. 그게 나다운 모습일 뿐인데 말이죠."

그녀답다는 것이 성질은 고약하지만 무섭지는 않다는 뜻인가? 저렇게 영리한 여자가 이런 일그러진 생각을 하다니. 이를 통해 우리가 얼마나 쉽게 자신에 대해 만족하는지 알 수 있다. 그리고 솔직함은 주어지는 것이 아니라 획득하는 권리라는 사실을 잊는다면 얼마나 많은 것을 잃게 되는지도 보여준다. 오직 친한 친구만이 나를 소중히 여기는 마음으로 내가 혐오스럽게 보인다는 말을 할 수 있다.

진실은 절대적인 것이 아니다
:

한번 상상해 보자. 만약 진실만이 중요하게 여겨져 모든 사람에게 적용되는 헌법에 그 진실이 명시되어 있다면? 그렇다면 우리는 윤리, 즉 겸손을 잊을 수도 있다. 대화를 나누면서 대화가 잘 진행되는지 걱정할 필요가 전혀 없다. 아니, 우리만의 최고 정의를 확신하면서 의견이 일치되지 않는 모든 것을 짓밟을 수 있을 것이다.

솔직하다는 것은 정직하다는 것인가? 이는 진실을 무엇이라고 부르느냐에 달려 있다. 철학자가 이 문제를 붙들고 씨름하는 것을 보면 파리가 창문으로 몸을 던지는 행동을 보는 듯하다. 파리가 부딪치는 유리는 파리를 밖으로 나가도록 도전하게 만들기도 하고, 그 도전의 성공을 가로막기도 한다.

우리는 모두 스스로에게 갇혀 있다. 우리가 보는 것은 일부분이며 단지 변화무쌍한 언어로만 그것을 이해할 수 있다. 설상가상으로 우리가 믿는 진실은 기억 속에 존재한다. 그 진실은 고정된 실체가 아니라 신뢰할 수 없는 상상의 행동이며, 각각의 기억은 전기와 화학 제품의 파동처럼 스위치를 넣어 뇌세포를 결합시킨다. 이는 기억이 스스로 사라지고 새로운 경험으로 바뀌는 물리적 결합이다. 생각하기에 따라 우리는 상상의 산물일 뿐이다. 대니얼 데닛은 저서 『설명된 의식Consciousness Explained』에서 이렇게 말했다.

자기 보호, 자기 조절, 자기 정의에 필요한 필수 전략은 거미줄을 치는 것이 아니라 이야기를 하는 것이다. 우리 자신이 누구인지에 대해 다른 사람에게 이야기하는 것은 물론 우리 자신에게 하는 이야기도 좀 더 자세히 엮고 조절해야 한다.

TIP

적극적으로 거짓말해야 하는 경우

그렇다면 어떤 것을 거짓말이라고 하는가? 은폐? 위조? 사기? 누락? 적극적인 거짓말을 하기 위한, 철학자 윌리엄 허스틴의 유용한 처방전을 소개한다. 나는 이럴 때 (그리고 오직 이때만) 상대에게 거짓말을 한다.

- 상대에게 '어떤 명제'를 주장할 때
- '어떤 명제'가 틀렸을 때
- '어떤 명제'가 틀렸다고 내가 믿을 때
- '어떤 명제'가 옳다고 주장함으로써 상대가 '어떤 명제'가 옳다고 믿게 만들려고 할 때

이야기는 우리를 지켜준다. 우리가 기대에 맞게 증거를 조작하고 우리 자신의 가장 좋은 점만 믿는 놀라운 능력을 지녔기 때문이다. 역설적이게도 우리가 자신의 본질을 만들어내는 데 쓰는 이런 이기적인 행동을 통해 정직이 우리에게 얼마나 중요한지, 우리가 얼마나 올곧고 싶어 하는지 알 수 있다.

이에 반해 정치적인 사회의식에 따르면 진실은 어떤 사실과 그 사실의 타당성, 그리고 그 의미 사이에서 벌어지는 싸움으로, 기억력과 마찬가지로 시간이 흐르거나 새 정보가 들어오면 바뀌게 된다. 이를 통해 다른 사람들은 나와는 다른 방법으로 사물을 보며, 우리가 진실이라고 믿는 것은 절대적인 진실이 아니라는 사실을 깨닫게 된다. 따라서 신중한 태도로 대화를 나누면 다른 사람 입장에서 생각해 볼 수 있고, 다른 관점을 들어보고, 그 관점에 따라 자신의 말을 끼워 맞춤으로써 계속 정직하게 행동할 수 있다. 이 얼마나 고마운 일인가!

진실을 말하되 왜곡하라

앞선 사례에서 식사를 대접해 준 사람에게 진정으로 감사하고 싶은 마음은 정직성, 고양이 고기라고 말하고 싶은 마음은 정확성이다. 사상가 버나드 윌리엄스에 따르면 진실은 정직성과 정확성으로 이루어진 이중성을 지닌다. 정직성과 정확성이 서로 일치하지 않을 때 일어나는 문제속이지 않는다, 난처하게 하지 않는다는 좋은 매너로 해결할 수 있다. 결국에는 여러 진실이 서로 경쟁해 사실을 재정의한다.

레스토랑에 데려간 사람이 여동생이었다면 그것이 고양이 고기라고 말할 수도 있었을 것이다. 우리가 수행하는 각각의 역할에는 서로 다른 규칙이 군림한다. 특정 상황이나 관계에 맞도록 말을 제대로 끼워 맞추지 않으면 위험을 초래하게 된다.

에밀리 디킨슨이 규정한 대로 따르기를.

진실을 모두 말하되 왜곡해 말하라.

거짓말은 사회적 생존을 돕는다
⋮

연구 결과에 따르면 보통 사람이 거짓말을 탐지해 낼 가능성은 40~60%며 이는 거짓말 색출 전문가의 비율과 별 차이가 없다고 한다. 그리고 거짓말하는 사람이 반드시 한다고 알려진 어떤 행동들코를 긁는다거나, 안절부절못한다거나, 눈알을 굴린다거나, 오른쪽 위로 쳐다본다거나에 대해서도 증명할 만한 것이 없다고 한다.

동전을 던져 어느 면이 나오는지 보는 것이 더 나을까? 이 역시 그다지 나을 것 같지 않다. 진화심리학자들에 따르면 거짓말은 사회적 생존을 도울 뿐만 아니라 꾸불꾸불한 뇌의 성장을 촉진시키는 데 도움을 준다. 그럼에도 거짓말을 찾아내는 재능에서만큼은 진화가 다소 지체되고 있다고 한다. 사람마다 자신만의 거짓말하는 방법이 있기는 해도 거짓말을 하면 누구나 세 가지 압박을 겪게 된다.

- 감정적 압박 (긴장, 흥분)
- 지적 압박 (정상 궤도를 유지해야 함)
- 행동적 압박 (안절부절못하거나 더듬지 않으려고 하는 것 등)

이런 압박이 동시에 많이 나타나면 거짓말을 하고 있는지도 모른다는 실마리를 주는 것이다. 가장 확실한 것은 언어적 단서와 음성적 단서다. 물론 정상이 무엇인지 아는 경우에만 비정상적인 행동이 또렷이 보일 것이다. 얼굴을 마주 보면서 하는 대화가 가장 중요하다는 또 다른 이유가 바로 이것이다.

주의할 점은 재치 있고 능숙한 거짓말쟁이는 사실을 변조해 진실처럼 느끼게 말한다는 것이다. 모든 실험에서 가장 거짓말을 잘하는 사람은 세일즈맨이라는 결론이 났다. 그러나 그들이 별 가치가 없다고 여겨지는 상품을 무작정 파는 것은 성실하지 못한 것이 아니라 성심껏 노력한다는 신호다. 그러니 그들은 정말 정직한 일꾼이 아니겠는가?

반면에 이류 거짓말쟁이는 거짓말을 피하려고 노력하면서 일을 한결 복잡하게 만든다. '그렇다' '아니다' 라고 말하기보다는 모호하게 표현하기를 더 좋아한다. 그리고 정보를 생략하고, 불완전한 기억력을 내세우고, 질문에 대답하지 않고, 보편적인 내용이나 주관적인

비언어적 단서	• 눈이 완전히 웃지 않는다. • 움직임이나 동작, 눈 깜빡임이 줄어든다(거짓말하는 사람의 마음에 일시적인 부담이 생겨 몸이 움직이지 않는다). • 비협조적이거나 무관심해 보인다.
음성적 단서	• 목소리가 긴장되고, 소극적이다. • 평소보다 약간 높은 소리가 난다.
언어적 단서	• 이야기를 마치 연습한 것처럼 들린다. • 자세한 설명이 부족하다. 특히 시각적 설명이 부족하다(거짓말하는 사람은 춥다거나, 냄새가 난다거나, 어둡다거나 하는 것을 관찰하지 않는 것 같다). • 거짓말에 쓰는 언어는 직접적이지 않으며 모호하고 소극적인 부분이 많다. 그리고 수동적인 문장과 간접 인용이 많다.(예를 들면 "그 애가 '나 토할 것 같아' 이렇게 말했어"라고 하지 않고 "그 애가 아픈 것 같다고 말했어"라고 한다.)

거짓말을 가려내는 3가지 단서

사실로 응하며, 엉뚱한 설명을 자세히 풀어놓는다. 마치 언급되지 않은 진실의 숲에 거짓을 숨기려 하거나, 지나치게 많은 용어와 미사여구로 말을 장식하려는 듯 말이다. 미국 국무장관이었던 알렉산더 헤이그 역시 비슷한 대답을 했다.

그것은 거짓말이 아니다. 부정확한 용어를 쓴 것뿐이다.

> **TIP**
> ## 거짓말쟁이의 본심과 속지 않기 위한 전략

거짓말쟁이의 본심	속지 않기 위한 전략
사람들에게는 기대했던 말이 나올 때 호의를 보이는 나쁜 습관이 있다.	➡ 그들이 듣고 싶어 하는 것을 말하라. 그러면 그들이 스스로를 속일 것이다.
사람들은 매력적이거나 친근감이 들거나 확신이 들면 믿으려는 성향이 있다.	➡ 우리는 보고 싶은 것을 믿어버린다. 웃음, 눈 맞춤, 잘 차려입은 옷 등
거짓말을 통해 얻는 이익이 클수록, 그리고 더 거짓말인 것 같을수록 강조하거나 미리 연습한 것처럼 보일 것이다.	➡ 거짓말의 의미를 축소시키면서 흥분을 가라앉혀라. 그리고 거짓말의 의미를 단순하고 명확하게 하라. 어물쩍 넘기지 말고.
없는 말을 꾸며내는 것은 말을 생략하는 것보다 어렵다. 그러니 거짓말이라는 의심이 들면 그 사람이 자기 말에 대해 책임을 지도록 만들어라.	➡ 최고의 거짓말쟁이는 자신의 거짓말을 믿는다. 진실을 잘 편집해 충실하게 활용하라.
거짓말을 기대하면 그 기대감으로 상대를 오해하게 된다. 차라리 상대가 거짓말하려는 징조가 보이는지 잘 살펴라. 그가 긴장한 듯 보이는가? 골똘히 생각하고 있는가? 시간을 벌려고 지연시키는가?	➡ 행동을 지나치게 통제하지는 마라. 안절부절못하는 것이나 어떤 행동을 하는 것은 정상적인 행동이다.
이상한 행동으로 보아 그가 거짓말하고 있다는 기분이 들더라도 성급히 결론을 내리지 말자. 대신 그의 말과 행동이 왜 맞아떨어지지 않는지 적당한 설명을 찾아보자.	➡ 내가 왜 스트레스 받는 것처럼 보이는지 원인이 될 만한 핑계를 넌지시 내비쳐라.
수상쩍게 행동하면 거짓말쟁이는 긴장하게 된다.	➡ 모든 사람을 수상쩍게 여겨라. 그리고 그들을 전적으로 믿는 것처럼 행동하라.

그의 두뇌에 과부하가 걸리도록 하라. 이야기의 여기저기를 들쑤시면서 다시 말해 달라고 하라.	➡ 다른 사람이 말하게 하라. 나는 내가 한 이야기를 어떤 순서로든 다시 말할 수 있는가?
그가 다시 이야기를 할 때 그의 목소리와 방법이 바뀌는가? 자세함의 정도가 줄어드는가?	➡ 새로 시작하듯 거짓말하라. 긴박함과 많은 세부 항목도 일관되게 유지하라.
그가 번거로움을 무릅쓰고 묻지도 않은 것을 말해주려고 하는가?	➡ 해야 할 이유가 없다면 거짓말을 하지 마라.

거짓말쟁이들이 즐겨 쓰는 방법들

:

거짓말을 빈틈없이 하는 사람은 그럴듯한 이유를 꾸며대기 마련이다. 그래서 수많은 거짓말은 근거가 불충분하고 논리적 결함을 가지고 있음에도 우리의 뇌를 마비시키고 이성적 판단을 흐리게 한다. 화려한 미사여구나 속임수에 속지 않기 위해 거짓말쟁이들이 즐겨 쓰는 그럴듯한 속임수들을 알아두자. 대부분 터무니없는 생각에서 만들어 낸 논리들이다.

1. 억지 부리기

• 의심할 이유가 없다.(그러나 믿을 이유 역시 없다. 정치인들이 즐겨 쓴다.)

• 엄마, 다른 친구들은 다 하나씩 가지고 있어요. 나는 왜 안 돼요?

(은근히 협박하면서 감정적으로 요구한다.)

- 정말로 나는 찻잔 하나만 깼다.(정말로 그것은 처음 있는 일이었다. 그래서 어떻다는 말인가? 어쨌든 당신은 그 찻잔을 깼다.)

2. 요점에서 벗어나기

- 당신이 아내를 그만 때리게 된 것이 언제입니까?(질문 속에 주장을 몰래 숨기는 똑똑한 비방법이다.)

- 어떤 로션도 이보다 더 피부를 부드럽게 만들 수 없다. 일주일 동안 이 제품을 사용한 23명의 여자를 보라.(어떤 자료를 갖고 있다 하더라도 그것만으로 최고의 가치를 가졌다고 할 수는 없다.)

- 도와주는, 좋아하는, 사실, 작동하는, 일하는, 효과 있는, 할 수 있는, 하기 나름이다, 그만큼 많이, ~처럼 보이는, 강화한, 농축한, 튼튼해지는, 싸워서, 제거하는 (이런 말에는 모두 '그러나 완전히 당신이 기대하는 정도는 아닌' 이라는 뜻이 숨어 있다. 희망을 주는 언어에는 마케팅을 위한 가짜 주장이 숨어 있다.)

- 엄마 : "너는 하루 종일 흙 묻히고, 목말라하고, 얼굴 화끈거리면서 보내고 싶다는 거지?"
  아이 : "아니, 나는 해변에 가고 싶다는 거야."(누군가의 견해를 더 약하게 보이도록 만들려고 그 견해를 다시 묘사하는 것이다.)

- 경영 컨설턴트가 많은 비용을 청구한다. 그러므로 그의 조언은 좋다.(가격＝가치? 흠, 만약 그것으로 내 기분이 좋아진다면…….)

3. 엉뚱하게 엮기

• 토스트를 태우자 그녀가 떠났다. 토스터 때문이다.(토스트를 태운
뒤 그녀가 떠났다고 해서 토스터가 이별의 원인이 되지는 않는다.)

• 만약 그들이 당신 월급을 인상한다면 내 월급도 올려줘야 한다.
(누가 그러던가? '그러면'은 '그러므로'와 같지 않다고 적어둬라.)

• 지난해 회사가 돈을 많이 벌어 보너스를 더 받았다. 올해는 이익금
이 적으니 자동적으로 보너스를 줄여야 한다?(이렇게 말해서는 안
된다.)

• 셰익스피어는 천재였다. 그런데 인터넷 사용법을 전혀 몰랐다. 그
러므로 나는 아직 천재가 될 수 있다. 그런데 구글 때문에 망했다.
구글 때문에 인터넷 사용법을 알게 되어 이제는 천재가 될 수 없
다.(잘못된 비교로 바보 같은 결론을 이끈다.)

• 이 파이 맛은 끔찍하다. 블루베리가 상했거나 내가 깜빡하고 설탕
을 넣지 않은 것이다. 그런데 블루베리 맛이 이상하다. 그러므로
설탕을 넣은 것이 틀림없다.(블루베리 맛이 상하고 동시에 설탕을 넣
지 않은 경우도 있지 않은가. 다시 묻자. 누가 그러던가? 왜 둘 다는 안 되
는가?)

• 우리는 훌륭하고 충실하다. 그러므로 우리가 소속된 기관도 그렇
다.(단체가 구성원 개개인이 지닌 우수성을 지니고 있을 거라고 여기는
것이다. 논리학자들은 이것을 '구성의 오류'라고 한다.)

에둘러 말하는 사람

제삼자에게 쫓겨 다니는가? 대화하는 동안 같은 이름이 계속 튀어나오는
가? "그녀가 당신이 등산을 좋아한다고 하더군요." "그가 빈티지 주얼리는
구두쇠들이 좋아한다고 했어요." 이런 사람은 에둘러 말하는 사람이다.

낚는 기술은 다양하다. 어떤 사람은 낚싯바늘로 하는 낚시를 좋아하고,
어떤 사람을 제물낚시를 좋아하고, 어떤 사람은 잡은 물고기의 배를 긁는
것을 좋아한다. 그들은 모두 뭔가를 바란다. 단지 반응만 있다면 말이다. 그
들은 끝까지 귀찮게이것이 핵심이다 상대의 욕구와 꿈에 대한 사적인 내용을
낱낱이 캐내어 그 속에 구멍을 낸다. 일반적으로 급소를 찌르는 비판을 한
다. "당신은 그것을 좋아하지 않았다고 장담해요."

폭탄 분석

— 에둘러 말하는 사람은 자신을 정치가라고 믿는다. 이는 그가 나쁜 소
식이라고 여기는 것을 전할 때 아주 분명하게 드러난다. 그는 보통 고양이 발처
럼 부드러운 목소리로 말하지만, 나쁜 소식을 전할 때는 그 소식을 듣고 상대가
어떻게 반응할지를 기대하며 목소리에 날카로운 발톱을 숨기고 있다. 아니, 이것
은 그가 언어 사이의 공백을 솜씨 있게 처리하는 방법이다. 이런 사람들은 휴지
부의 핀터레스크(영국의 극작가 해럴드 핀터의 작품에서 나온 말로, 분명 무언가 있긴

한데 잘 알 수 없는 모호한 상황을 가리킨다. 작품 곳곳에서 '생략'과 '휴지' '침묵'으로 인해 묘한 긴장감이 파생된다—옮긴이)를 이용한다.

대응 전략

― 그를 짜증나게 하면 그는 지칠 것이다. 그러니 놀리고 괴롭혀라. 그러면 그는 노이로제에 걸린 송어처럼 솟아오를 것이다. 처음부터 그에 대해 알 수 없을 테니 일단 부닥쳐 봐라. 한번 희생양이 되면 결코 잊지 못할 것이다.

상대방이 무슨 생각을 하고 있는지
확실히 알 수 없을 때 어떤 기분이었는지
기억하면서 서로에게 눈빛을 고정하라.
뻔뻔스럽게 그의 생각을 알아내라.

10장에서 우리는

- 연인들의 대화는 어떨까? 그의 마음을 얻고 싶을 때 어떻게 하면 좋을지 사랑의 대화법을 배우게 될 것이다. 오래된 연애의 정석을 써먹어 보자.
- **Tip** : 독설을 뿜고 뒤통수치는 사람을 만났을 때 대처하는 비법이 제시되어 있다.

10

당신 마음을 얻고 싶어요!
상대를 유혹하는 사랑의 대화법

한때 대화라는 말은 육체적 만남의 모든 형태를 아우르는 음란한 단어였다. 이런 연상 작용은 지금도 여전히 유효하다. 마음으로 가는 길이 아랫배를 거쳐 뻗어 있는지 모르지만 더 효과적인 최음제는 눈과 귀를 통해 공급된다.

예전에 부자를 상대했던 고급 매춘부들은 융통성 있는 도덕성과 유연한 기질을 지녔다고 여겨졌다. 그들 중 대부분이 시인이었지만, 엘리자베스 여왕 시대의 여행가 토머스 코리에이트는 아름다운 목소리로 유혹하는 베네치아의 여인들이 얼마나 위험한지를 경고했다.

수사슴을 유혹하는 목소리의 조화… 훌륭한 웅변가, 그리고 가장 우아한 연설가… 그녀는 웅변적 화술로 그대의 굳은 절개를 시험할 것이다.

시인 테오필 고티에의 증언에 따르면 그녀들은 민첩한 언어 실력을 발휘하며 살롱 사람들을 '게걸스레 먹어치웠다'고 한다. "대화는 항상 불꽃이 튀었고, 독창적이었으며, 전대미문의 아이디어와 표현으로 넘쳐났다." 떠들썩한 지금 시대에도 말은 여전히 자극을 준다. 그런데 누군가를 좋아하면 긴장감과 아드레날린, 그리고 성적 화학작용을 일으키는 여러 요소와 적절한 말을 찾으려는 걱정이 샘솟으며 종종 혀가 꼬인다. 결국 의도와는 다르게 침묵하게 된다.

　　18세기 종교재판소가 있던 마드리드에서는 말하지 말라는 금지령이 내려지자 그것을 표현하고자 하는 욕구로 화술이 증가했다. '여자들은 교회에서, 극장에서, 그리고 걸어가면서 원하는 사람 누구에게든 눈길로 말하며, 이 유혹적인 언어를 완벽하게 구사했다.' 동서고금을 막론하고 사람들은 눈빛 하나로 이성을 매혹했다. 무도회에서 만난 로미오와 줄리엣처럼 말이다. 그러나 무엇보다도 말로 크게 이야기하는 것이 가장 매혹적인 방법이었다. 말 뒤에 숨겨진 수많은 거짓말 때문에 직접 얼굴을 보며 소통하는 것이 무엇보다 중요하다. 이성을 설득하는 말은 풍성하며 그중 일부는 실제로 효과가 있다. 이 중에서 보다 섬세한 방법을 사용하면 긴장감을 끌어올리고 나쁜 속셈을 알아챌 수 있으며 관계가 안정된 단계에 와 있을지라도 잠자리 대화로 애인이 잠들지 않게 할 수 있다.

이상형의 욕구를 만족시켜라

：

모델 겸 배우이자 시인인 제리 홀은 가수 믹 재거와 으르렁거리던 1985년에 그녀의 독특하고 느릿한 말투로 말했다.

> 엄마가 그랬죠. 남자를 지키는 법은 간단하단다. 응접실에서는 시녀가 되고, 부엌에서는 요리사가 되고, 침실에서는 요부가 되면 되거든. 내가 말했죠. 다른 건 사람들을 고용하고 나는 침실만 맡겠어요.

2007년이 되자 그녀는 줄 수 있는 것보다 받는 것에 더 집중했다.

> 내가 찾고 있는 남자가 어떤 남자인지 알아요? 내 사고방식을 받아들이는 남자예요. 한마디로 대화가 통하는 남자죠. 나는 젊은 남자를 찾아봤어요. 섹시한 남자도 많이 만났어요. 어떤 남자는 아주 똑똑하고 멋있었죠. 그러나 그들에게 할 말이 아무것도 없었어요. 칵테일 파티에만 물리도록 갔죠.

이런 경향은 더 높은 가치를 지향하는 경제 질서 속에서 모든 사람에게 나타난다. 인간은 자신의 욕구에 따라 상대를 결정하게 되며 또 모든 것을 원하게 된다. 즉 자신과 비슷한 지위와 성격, IQ, 배경을 지닌 사람또 교육을 잘 받고, 외견상으로 큰 차이가 없고, '공동의 관심거리'에 대해 가장 많이 고민하는 사람이 자신을 아껴주고 부양해 주고 즐겁게 해주기를 원한다. 오늘날 결혼은 선택의 문제가 되었다. 돌보고 지속해야 하는 결혼을 할 필요가 없어지면 인간의 욕구는 달라지는 법이다. 그러나 건장한 남자와 아가씨라는 한결같은 이상형은 우리가 남자와 여자로 구분된 이래로 우리 마음속 깊이 각인되어 있다. 이런 이상형을 만나고자 하는 욕망과 이를 위한 전략예를 들면 가슴 성형 수술이 계속해서 만들어지고 있다.

방법이 바뀌면 결말도 바뀐다

철학자 데이비드 버스는 이렇게 주장했다. 경쟁 상대를 무찌르는 것은 게임의 중요한 기본이다. 그러니 급조된 사랑을 찾는 여자는 상대 남자에게 이렇게 말해야 한다. 다른 여자는 '남자를 애태우는 여자'라고 말이다자신은 그런 여자가 아니라는 뜻이 함축돼 있다.

먼저 상대의 주목을 끌어야 한다. 여기에는 두 가지 방법이 있다. 공공연하게 하거나 암암리에 하거나. 이쪽에서 너울거리는 불빛을 보내면 상대편 역시 모호한 연기 신호를 분출한다. 방법이 다르면 끝도 아주 다른 법이다. 그러니 신중하게 전략을 선택하도록 하자. 여기에는 속도도 포함된다. 만약 의도가 진지하다면 나중에 평가받고 조사받을 위험에 대비해 천천히 행동해야 한다. 그러나 의도가 가볍다면 대화도 그렇게 해야 한다. 신중한 메시지는 약속으로 받아들여질 수도 있으니 말이다.

역사에서 찾아 쓸 수 있는 전통은 아주 많다. 진주처럼 빛나는 문학작품의 절반은 확고한 순결을 깨는 용기 있는 도전에 대한 이야기다. 시인 앤드루 마블은 자신의 시 '수줍어하는 연인'에서 "우리에게 충분한 세상과 시간만 있다면"이라고 썼다.

TIP
말다툼의 유형

드라마의 함정에 걸려든 적이 있다. 똑같은 이야기 전개, 소심하게 다른 대본? 저건 내 이야기 아닌가? 대부분의 부부는 이렇게 똑같은 문제 꾸러미 주위에서 노를 젓고 있으며, 부부 사이에서는 주로 '왜'보다 '어떻게'가 더 문제가 된다. 미국의 '가장 큰 사랑과 결혼 연구소'의 수장인 심리학자 존 고트만은 다음과 같은 사실을 알아냈다. 말다툼을 많이 하는 사람들은 갈등 때문에 치르는 희생보다 화해하는 과정의 스릴이 더 큰 보상을 준다고 생각한다. 또한 말다툼을 아주 적게 하는 사람들은 의견 차이를 그냥 지나치고 관계의 긍정적인 면에 집중한다. 그리고 어떤 사람들은 타협에 아주 많은 시간을 들이기 때문에 의견 차이가 거의 생기지 않는다.

맞는 말이다. 문제를 늘어놓으면 긴장이 풀어지기 마련이고, 그러면 굳이 갈등을 해결하지 않아도 된다. 그러나 시도 때도 없이 경멸하며 트집을 잡는 태도와 침묵으로 상대방의 관점을 부정하며 무시하는 태도는 몸과 마음을 병들게 한다. 이 두 가지 태도는 표면상으로는 다르게 보이지만 모두 관계의 핵심인 유대감을 떨어뜨려 친밀감이 쌓이지 못하도록 방해한다. 더 나아가 존 고트만은 스트레스가 면역체계를 무너뜨리기 때문에 공처가와 냉대받는 사람들은 각종 질병에 취약해질 수 있다고 경고한다.

그대의 눈을 찬미하는 데 백 년은 걸릴 것이오.

···그러나 내 등 뒤에서 나는 늘 듣는다오.

시간의 날개 달린 마차가 가까이 질주해 오고 있는 소리를.

남녀가 좋아하는 상대를 위해 기꺼이 경주에 참여할 때 비로소 욕망에서 침대에 이르는 장애물 경주는 아주 짧아진다. 욕망의 불꽃을 전하는 일이 소년이 댄스홀을 가로질러 소녀에게 다가가 쾌락을 요청하는 것만큼 어렵지만 그리고 그녀가 거절한다면 비웃는 친구들에게 다시 돌아가는 것만큼 어려운 일이지만 관계 초반에는 오히려 조금 더 쉽다. 그러나 전략이 아무리 탄탄하다 해도 그 시작은 미숙한 경향이 있으며 실제로 늘 그렇다.

기대하지 않았던 부분을 칭찬하라

:

작가 토비 영은 유혹할 여자를 찾기 위해 긴 고행의 길을 떠났다. 멋진 가발을 쓰고 맨해튼의 10대 명당 지역을 돌아다녔다. 자포자기의 심정이 되었을 때 그는 쾌거를 거두었다.

작가 토비 영 : 당신이 입은 바지는 우주복인가요? 당신의 엉덩이가 이 세상 것 같지 않아서 물어보는 거예요.

그녀 : 그런 말은 처음 들어요. 최악의 말이네요. 그런 말로 여자를 낚다니

믿을 수가 없어요. (그녀는 소스라치게 놀라며 나를 쳐다봤다. 이런 표정이었다. '방금 내가 들은 말이 정말 당신이 한 말 맞나요?' 그러더니 기적적으로 그녀가 미소를 지었다. 그리고 웃었다.)

작가 토비 영 : 맞아요. 없었죠.

그는 드디어 이루어냈다. 발 빠른 재치 덕분이었다. 잘 알려진 것처럼 익살을 부리는 광대들은 다른 사람의 마음을 잘 끌어당긴다. 상대를 감짝 놀라게 하는 것도 승산이 있다. 그러나 이는 저질스러운 유혹에서나 얻을 수 있는 값싼 이득이다. 이런 유혹으로 누군가가 나를 그리워하도록 만들지는 못할 것이다. 이보다는 오히려 다음과 같은 유혹이 효과가 있는지 시험해 볼 수 있다.

애정 공세를 퍼붓는 사람이 오랫동안 로맨스를 지속하려면 로맨스를 단순하게 유지해야 한다. 분위기를 띄우는 말이나 바보스러운 장난 또는 엉뚱한 말을 하면서 말이다. 단, 수수께끼 같은 농담을 속사포처럼 쏘아대지는 말아야 한다. 관심을 끌었다면 자연스럽게 춤을 청하거나 술을 사면서 대화 속으로 천천히 들어갈 수 있다.

상대가 전혀 기대하지 않았던 부분을 칭찬하는 것도 좋은 방법이다. 출판인 조지 웨이든펠드는 전략심리학을 이용해 지적인 여자들의 아름다움을 칭찬하거나 아름다운 여자들의 지성미를 칭찬하는 작전을 썼다. 심리학자들은 예쁜 여자들이 자신의 다른 장점에 대해서는 믿음이 약한 것 같다고 말한다. 분명 잘생긴 남자들은 상관하지 않는 문제다. 그러니 앞으로 어떻게 할 것인지 잘 생각해 보길.

상대를 유혹하고 싶다면 착각하게 만들어라

⋮

여자가 먼저 다가가 말을 거는 경우를 거의 본 적이 없다. 어쩌면 몇십 년 전만 해도 여자들이 부모의 통제 아래 있었기 때문인지도 모르고, 또 여자들이 너무나 빈틈없이 일을 처리해서 다른 사람이 듣지 못했을 수도 있다. 무엇보다도 이성에게 먼저 말을 거는 것이 고상한 로맨스에서는 서자 취급을 받기 때문이다.

사실 여자들은 학생 때부터 친구와 함께 이성을 유혹하는 전략을 짠다. 비록 도덕관이 변하고 있다 해도 오래 지속되는 연애 상대를 찾을 때는 여자가 남자보다 더 까다롭게 사냥한다. 그리고 어른이 될 때까지 많은 시간을 들여 사랑받는 여자의 비밀은 무엇인지 연구하고 그렇게 되기 위해 계획을 세운다. 이 관계에 대한 숙제가 끝나면 마음에 드는 상대에게 여자가 먼저 다가가는 것에 대한 편견이 생기기 마련이다.

많은 바람둥이가 상대에게 다가갈 때 쓰는 전략은 '집적거리기'다. 사실 집적대는 말은 부랑자를 괴롭히는 것만큼 무례한 일이다. 이런 장난스러운 연애는 처음에는 일시적으로 친밀감을 느끼게 하지만 결국 신뢰를 잃고 다른 사람에게 떠나게 만드는 원인이 된다. 물론 정작 집적대는 사람은 상처를 받지 않는다. 누구든 상대를 착각에 빠지도록 만들 수 있다. 고급 매춘부들의 참된 재능은 분명 역전 판매였다. 그녀들은 자신이 상대를 유혹한 것이 아니라 상대에게 유혹당한 것이라고 믿도록 만들어 상대를 설득했다.

외로워 보이면 안 된다

∷

건강한 연인이 되려면 개를 사야 한다. 개 주인에게 관심이 있으면 아는 사이가 아니라도 개를 쓰다듬거나 개가 예쁘다며 말을 걸 수도 있다. 그러니 내가 귀여워해 줄 애완동물을 마련하자.

모임에서는 다과를 돌리는 일을 맡아 이성에게 작업을 걸 수 있다. 그 밖에 시간을 묻거나 어디에 외투를 걸어야 하는지 물을 수도 있다. 또는 음식이나 주류 근처 눈에 띄는 곳에 자리를 잡아도 좋다. 단, 외로워 보이면 안 된다. 당신을 웃게 하는 사람에게 말을 건네라.

우연히 시선이 마주치도록 노력하는 것도 좋다. 목표 대상의 시선 속으로 들어간 다음 문화인류학자들이 누누이 강조하는 일을 하도록 하라. 예를 들면 머리카락을 만지작거리거나, 상체를 쭉 펴거나, 허리를 잘록하게 만드는 것이다. 이제 목표 대상이 당신을 주시하게 만들고, 잠시 그 시선을 붙잡고 있어라. 잠시 후 한 번 더 시선을 끈 뒤 미소를 보내면 된다. 그저 몸을 흔드는 것만으로도 충분히 호기심을 끌 수 있다.

상대가 선호하는 감각에 호소하자

∷

대화를 통해 상대의 주목을 끄는 데서 상대의 마음을 얻는 상황으로 나아갈 수 있을까? 마음이 황홀한 상태에서는 흥분된 기분을 말로 하거나, 노래로 낮게 부르거나, 정답게 소곤거릴 수 있다. 이렇게 되면 불완전한 얼굴 따위는 눈에 보이지 않는다. 낭만적인 분위기를 만드는 데 친절만 한 것이 없다. 행동주의자들이 실험을 통해 밝혔듯이 가장 따뜻한 주목을 받은 남자들이 상대 여자와 관심사를 공유했다고 믿는다. 그렇지 않다는 명백한 증거를 읽었는데도 말이다.

연습하면 이성을 유혹할 수 있다. 그러니 우연한 만남을 만족스러운 상호작용으로 바꾸는 습관을 기르도록 하라. 이는 위선적인 것이 아니다. 오직 매력적인 사람을 위해 우연한 만남을 만족스러운 상호작용으로 바꾸는 것, 또는 만족스러운 상호작용인 것처럼 꾸미는 것이다. 단지 줄을 서면서 농담을 주고받고, 웨이터나 버스 운전사에게 인사하고, 당신이 고른 물건이 계산대 스캐너에 찍히는 동안 잡담을 나누는 것과 같다.

상대가 한 말이 마음에 들면 약간 낭만적인 속임수를 써서 둘의 관계를 강화시키도록 하자. 이 방법은 둘의 관계가 얼마나 오래되었는지와 상관없이 지속되어야 한다.

대화의 박자와 탄력과 흐름은 상대와 내가 잘 맞는다는 즐거운 기분이 들게 만드는데, 상대방이 말하는 속도와 목소리 크기, 말투를 알면 이 과정이 잘 진행되도록 할 수 있다. 단, 맹목적으로 상대를 모방해서는 안 된다. 학생들을 대상으로 한 실험 결과, 말의 속도에서 비슷한 점을 파악했을 때만 사교 효과가 높아졌다. 말이 너무 느리거나 빠른 사람의 경우에는 자신이 이상하다는 것은 모른 채 다른 사람이 자신을 너무 정확하게 모방해 너무 느리거나 빠르게 말하면 지루함을 느꼈다. 대부분이 자신의 목소리가 다른 사람에게 들리는 것보다 더 깊고 풍부하다고 믿는 것처럼 말이다.두개골은 비명 소리보다 저음을 더 잘 받아들인다.

또한 상대가 어떤 단어를 쓰는지 귀를 기울여야 한다. 신경언어학 이론에 따르면 말에는 감각 중에서 무엇을 선호하는지에 대한 정보가 담겨 있다. 그러니 상대방이 선호하는 주요 감각에 호소하는 단어를 선택하도록 하자. 잘 들어보면 알 수 있다. 그가 시각적인가? 또는 느낌, 구성, 냄새, 소리에 대해 말하는가? 이제 그 언어를 흉내 내면 된다.

말을 들어주면 속내를 드러낸다
∶

영화감독 앙 리는 배우 탕웨이에게 최면술을 걸었다.

> 그는 저에게 누구에게도 말하지 않은 비밀을 함께 나누자고 했어요. 그러자 곧바로 그가 정말 나를 알고 싶어 한다고 느껴졌어요. 다른 감독들은 배우를 고기 조각으로 보면서 눈도 맞추지 않죠. 그러나 앙 리는 내 눈을 쳐다봤어요. 내 마음을 알고 싶어 한다는 뜻인 것 같았어요.

상대가 자신의 말을 잘 들어주면 자신을 의식하지 않게 되고 긴장이 풀려 속내를 드러내게 된다. 다음과 같은 단순한 등식이 성립된다.

관심 갖기 = 나에게 관심 갖게 하기

이는 그리 힘들이지 않고 시도해 볼 수 있다. 18세기의 '공손하고 조용하게 유머러스한' 리슐리외 추기경라클로의 소설 『위험한 관계Dangerous Liaisons』를 영화화한 〈발몽Valmont〉의 모델을 두고 여자들이 싸운 이유는 그가 여자들의 말을 잘 들어주었기 때문이다. 깊이 감동받은 지식인 에밀리 뒤 샤틀레는 탄성을 질렀다. "당신처럼 인기 있는 사람이 나의 결점을 듣고 싶어 하고 내가 정말 무엇을 느끼는지 알아내려 하다니 믿을 수가 없군요."

솔직하고 분명한그러나 건방지지 않은 사람들은 우리의 레이더망에 걸리지 않는다. 상대방이 당신을 더 가깝게 느끼도록 행동해야 한다. 목소리를 낮추면 상대방이 몸을 숙일 것이고 같은 편이라는 기분도 들게 된다. 게다가 영장류는 쉽게 흉내를 내며 무의식적으로 서로의 모습을 비춰본다. 특히 숨 죽이고 있는 누군가를 쳐다보며 함께 숨을 죽이지 않는 건 무척 어렵다. 그리고 경찰이 심문을 하다 보면 심문자와 용의자의 보디랭귀지가 3분 뒤에 하나로 모이게 된다따라서 보디랭귀지와 보디랭귀지 전문가는 늘 미심쩍다.

그러니 더 가까이 다가가라. 단, 상대방의 안전 영역은 침범하지 마라. 가장 부드러운 접촉이 효과적인 법이다. 실험 결과에 따르면 종업원이 손님의 팔이나 어깨를 가볍게 스치고 지나가면 계산서에 남겨진 팁이 25% 더 높았다. 그러나 그 손님들은 자신이 후한 팁을 남겨둔 것도, 접촉 사실도 알지 못했다.

감정은 일부만 욕망은 절반만 표현하라

⋮

영국 섭정기의 매춘부 해리엇 윌슨은 심술궂은 행동으로 자신의 시장 가치를 부풀렸다. 그녀의 회고록에는 웰링턴 공작을 처음 만난 날이 기록돼 있다. 늙은 백전노장 웰링턴 공작이 해리엇의 손을 잡았다. 즉시 그녀는 손을 뺐다. 정숙한 처녀 해리엇이 말했다. "정말, 그토록 명성이 자자한 영웅이 자신에 대해 할 말은 거의 없으시군요."

불확실성만큼 사람을 생각에 빠뜨리는 것도 없다. 제인 오스틴의 소설에서 잘 알려진 대로 불확실성은 로맨스에 희비극적인 색조를 부여한다. 제인 오스틴은 자신의 작품에 묘사한 이런 불확실한 감정을 직접 겪었다. 끝내 이루어지지는 않았지만 그녀가 아일랜드인 톰 르프로이에게 품은 애정은 모호함 때문에 생긴 것이었다.

잇따른 모임 중 몇몇은 우연히, 그리고 몇몇은 계획적으로 참여했다. 모임에 가면 감정은 일부만 드러났고 욕망은 절반만 표현되었다.

예측할 수 없게 하라. 침묵을 전개하라. 신비로움을 한층 더 쌓아라. 내버려두고 떠나라. 그리고 너무 간절해 보이지 않도록 하라.

서로를 공유하고 친밀감을 충전하라

∶

사랑의 언어는 계속해서 변한다. 관계가 욕망에서 마음을 잡아끄는 과정으로, 또 애착으로 바뀌듯 말이다. 단계별로 호르몬도 다르고, 행동도 다르고, 심지어 사용하는 뇌 부분도 다르다.

어떤 운명론적인 과학자는 성의 운명은 출생 전에 결정되며, 자궁 속의 테스토스테론이 평균 이상이었던 사람은 방랑벽이 있을 수 있다고 주장한다태내 호르몬의 지표는 집게손가락과 약손가락의 길이에서 나온다. 만약 약손가락이 더 길면 그에게는 결혼이 맞지 않을지도 모른다. 그러나 짝을 찾아 쌍을 이루면 무수한 이익을 얻게 된다. 그런데 행동주의 학자들에 따르면 사람들은 친숙한 얼굴을 '스트레스는 높이고 삶의 만족도는 낮추는' 존재로 여기며 싫증을 낸다고 한다.

따라서 관계가 성립되면 대화를 나누고자 하는 열정은 줄어든다. 그러나 대화는 여전히 중요하다. 연인의 눈빛에 빠져 허우적거리는 대신 나란히 미래를 바라보며 사이좋게 지내는 기쁨은 특별하고 또 실질적인 이익을 가져다준다. 위트 있게 대화를 이어나가야 한다는 긴장감이 떨어지더라도 대화를 신선하게 유지시켜야 할 가치는 여전히 높다. 지나치게 편안하게 대하거나 서로를 즐겁게 해주지 않으면 획일적인 부부 생활이 지루해지거나 자기 위안으로 기울 수 있다.

다행히도 인간의 마음은 문제를 다스릴 수 있다. 연인들은 솜씨 좋게 서로 소통함으로써 삼위일체의 이상을 달성한다. 그들은 애정, 서로 끌리는 마음, 동물적 욕구가 어우러진 타산적인 사랑과 부부로

서 같이 살면 얻게 되는 실용성을 결합하기 위해 그 사이의 해협을 뛰어넘는다.

서로를 공유하는 배우자들은 친밀의 3단계 모두를 재충전한다. 그들은 듣고, 좋은 말을 건네고, 상대를 애타게 한다. 일상의 편안함에

TIP

언쟁을 위한 6가지 전략

연인과 헤어지고 싶어 안달이 났는가? 그러면 불평에 반응을 보이지 않거나 불평의 주제를 확대하라. 그게 아니라면 긍정적인 말로 불평을 희석시켜라. 존 고트만의 말대로라면 부정적인 말 한 마디에 다섯 마디의 긍정적인 말을 섞는 것이 이상적이다. 내게는 이것이 매일 다섯 가지 과일과 채소를 먹으라는 간곡한 권고만큼이나 비현실적인 말로 들린다. 그러나 해가 될 것은 없으니 한걸음 뒤로 물러나 어려운 대화를 위한 기법을 알아보자.

① **통과** : 불평을 듣는 사람이 불평을 무시해버린다.

② **재초점** : 불평하는 사람이나 불평을 듣는 사람이 불평의 주제를 바꿔버린다.

③ **완화** : 불평하는 사람이 두 사람의 불평을 줄여버린다.

④ **반응** : 불평을 듣는 사람이 불평의 가치를 안다.

⑤ **무반응** : 불평을 듣는 사람이 불평의 가치를 무시해버린다.

⑥ **단계적 확대** : 불평의 화제가 확대되고 적개심이 치솟는다.

놀라움을 주어 균형을 맞추고, 의무 사항만 중요하게 여기지 않고 사소한 일도 소중히 여긴다.

대화를 갈고 닦으려고 억지로 대화를 지어내지는 말아야 한다그리고 대화를 하기 싫은 자질구레한 일로 만들지 말아야 한다. 대화를 나눌 수 있도록 하루 중 대화가 흘러들 수 있는 공간을 마련하되, 다른 소음 때문에 대화를 끊지는 말아야 한다. 그저 같은 방에 앉아 동료 의식을 보장해 주는 자질구레한 일을 하는 것이 관계의 중심과 마음을 유지시킨다. 헤지 펀드처럼 순간적 이익을 추구하고, 집에서 이메일로 소통하다 끝나버리는 커플처럼 되어서는 안 된다.

라디오 소리를 낮추고, 텔레비전을 끄고, 식사할 때는 서로 얼굴을 마주하자. 식기세척기에 안식 휴가를 주고, 함께 설거지하고, 행주질을 하라. 그러고 나서 개는 집에 두고 함께 산책을 나가라. 상대방이 무슨 생각을 하고 있는지 확실히 알 수 없을 때 어떤 기분이었는지 기억하면서 서로에게 눈빛을 고정하라. 이제 할 수 있겠다는 확신이 드는가? 그럼 뻔뻔스럽게 그의 생각을 알아내라.

상상을 공감하고 함께 의논하라
:

행복한 부부라면 새벽부터 해질녘까지 이중주를 울릴 것이다. 그러나 내가 알기로 가장 행복하지 않은 부부도 머리 둘 달린 괴물처럼 계속 웅얼거린다. 귀머거리 괴물과 벙어리 괴물인데 슬프게도 둘 다

말은 할 수 있다. 행복한 부부와 행복하지 않은 부부의 차이는 서로의 상상을 공감하느냐, 그렇지 않느냐에 있다. 한 카운슬링 서비스가 '좋은 대화란 공감, 상냥함, 감정의 지적 능력'이라고 정의한 것처럼 말이다.

부부가 마주 보게 되는 가장 큰 기회는 첫째가 태어났을 때 생긴다. 한 연구에서 새내기 부모는 자신들을 슬프게 하는 문제가 발생하면 마치 틀에 박힌 듯이 말을 삼가고 두 사람이 동의하는 것만 의논한다는 충격적인 사실을 발견했다. 이미 엄청난 변화는 시작되었고 사소한 일이라도 항상 부부가 함께 의논해야 하는데 말이다.

어떻게 관계를 맺고, 대화하고, 접촉을 지속하며, 그런 것이 얼마나 실속 있는지를 잊으면 관계는 비틀거리기 시작한다. 대화는 내가 주는 만큼 받는다. 소극적일지 적극적일지, 적어도 50%는 자신에게 달려 있다.

대변인

그의 미소는 무력이고, 말은 칼이며, 야유는 멋진 재담처럼 전달되는 순간 폭발한다. 대담한 음악을 선보이는 그룹 슈가베이브즈Sugababes의 케이샤 뷰캐넌은 매력 넘치는 여성이지만 활자로 라이벌을 괴롭히기로 유명하다.

유명해지는 것은 야윈 몸매를 유지해야 한다는 압박감을 주죠. 그러나 고맙게도 나는 외모보다는 음악에 기반을 둔 레코드를 파는 그룹에 속해 있어요. 걸스 얼라우드 Girls Aloud**에게는 무척 어려운 일이겠지만요.**

얼마나 재치 있는 말인가. 상대의 강점이 단지 다른 단점을 감추기 위한 것이라고 말하고 있으니 말이다.

폭탄 분석

— 꼭 여자만 그런 것은 아니다. 남자도 그럴 수 있다는 것을 랩 음악이 증명한다. 이 기술은 직접적인 방법(독설)과 간접적인 방법(뒤통수 치기) 두 가지로 나뉜다. 간접적인 방법은 긴밀한 유대를 맺는 데 아주 좋으며, 보통 그 자리에 없는 제삼자에게 초점을 맞춘다. 드라마에서는 이것을 대립 인물이라고 부른다. 이 대립 인물들 덕분에 브리짓 존스나 신데렐라가 많은 관객의 응원을 받는 것

이다. 간접적인 방법으로 위장하면 사회에서 받아들여질 수 있다. 오히려 독설가라고 추정되는 사람에 대해 욕하면서 말이다. 이를 지켜보는 것은 마음 한편으로 죄책감이 들긴 해도 즐거운 일이다. 그러나 직접적인 방법은 위험하다.

대응 전략

— 　　　괜히 장난삼아 해보지 말자. 악담을 하고 친구를 얻으려 하지 말라는 뜻이다. 가려운 데를 긁어주는 수단으로 그녀를 이용하는 것은 시도해볼 만하다. 내가 타깃이 되지만 않는다면 그녀의 거침없는 이야기는 재미있음은 물론 상당히 유익하기까지 하다. 그녀는 외과의사 같은 예리한 눈으로 희생양을 찾아낸 뒤 자만심을 도려낼 것이다. 그녀의 주장이 일리가 있을지도 모르지 않은가.

칭찬은 스스로를 낮추는 것이 결코 아니다.
때때로 거만함의 가장 정직한 모습이며
칭찬의 말을 건네는 것은 내가
칭찬할 자격이 있다고 여기는 것이다.

11장에서 우리는

- 부담주지 않는 칭찬의 말을 전하고 싶을 때, 진심처럼 들리게 칭찬하는 방법을 배울 것이다. 어떻게 칭찬하는 것이 좋을까? 칭찬도 기술적으로 해야 한다는 새로운 사실!
- **Tip** : 아첨하는 사람과 대면했을 때 대처하는 방법이 제시되어 있다.

어떻게 칭찬하는 게 좋을까?
아첨이 아닌 진심처럼 들리게 칭찬하는 법

칭찬은 선물을 살 때만큼 섬세한 외교술이 필요하다. 말이든 행동이든 모든 선물에는 받는 사람에 대한 주는 사람의 견해 또는 오해가 담겨 있다. 실제로 칭찬은 상호 교환으로서의 관계를 바탕으로 이루어진다. 그러니 받는 것보다 주는 것이 더 낫다. 누구나 되돌려 받기를 기대하는 게 인지상정 아니겠는가. 공자는 이렇게 말했다.

부드러운 말과 비위를 맞추는 표현은 인간성과 짝을 이루는 일이 거의 없다.

그러나 그가 무엇을 알았을까? 성인들은 자신의 지혜가 뛰어나다고 우리를 설득하는 일에 골몰하느라 칭찬을 한 적이 거의 없다. 엄청나게 노력하는 이들을 무시하는 것은 인간답지 않으며 어리석기까지 하다. 칭찬은 대화의 서곡을 미세하게 조정해 대화를 좋은 쪽으로 이끌어가며 우리를 기분 좋게 만들어준다. 그러나 칭찬을 주고받는 행동에 때때로 악의가 포함되기도 한다. 위선이나 속임수라고 의심되는 경우인데, 근원적으로 진심으로 칭찬하기가 어렵기 때문이다.

칭찬은 스스로를 낮추는 것이 아니다

⋮

칭찬을 아첨과 혼동해서는 안 된다. 칭찬은 최소한의 노력과 상상력으로 상대의 가려운 곳을 긁어줄 유쾌한 말로, 상대를 더 가깝게 묶어두는 것이다. 내가 만족스럽게 듣고 있다는 것을 보여주고 싶으면, 여전히 매력적인 80대의 데버러 데번셔 공작 미망인을 열심히 따라 하라.

그녀는 탁월하게 간결하고 명쾌하게 말했다. 칭찬이 갑작스럽게 터져나와서 말이 중단되기는 했지만 말이다. "정말 옳아요!" "지당한 말씀이에요!"

무능한 사람들은 더 많은 것이 더 좋은 것이라 생각하고 도를 넘어 당혹감을 일으키고 대화를 죽여버린다. 기억해 둘 만한 이야기가 있다. 소설가 벤저민 마코비츠Benjamin Markovits의 말처럼 칭찬은 스스로를 낮추는 것이 결코 아니다. 오히려 '거만함의 가장 정직한 모습'이며 때때로 몹시 독단적인 성질을 띤다. 결국 칭찬의 말을 건네는 것은 내가 그 사람을 칭찬할 자격이 있다고 여기는 것이다.

TIP
칭찬을 대하는 적절한 태도

① 칭찬 부정의 법칙

칭찬을 받기만 하면 잘난 체하는 것처럼 보인다. 이럴 땐 내가 '칭찬 부정의 법칙'이라고 부르는 다음의 법칙을 따른다. 이 말은 칭찬을 기회로 바꾸라는 것을 의미한다. 겸손해지는 기회, 칭찬을 되돌려 주는 기회로 말이다. 경쟁이 시작되면 슬며시 자기 비난으로 향할 수도 있다. 그렇지만 이는 근본적으로 서로의 연대감을 보여주고 쾌감대를 형성해 준다. 두 사람이 끝내는 '누구 피부가 자갈밭 같네, 어쩌네' 하면서 말다툼을 하게 되더라도 말이다.

ex. A : "드레스가 정말 멋지네요."

　　B : "아, 세일할 때 샀어요. 그런데 당신 드레스도 끝내주는걸요."

　　A : "드레스가 너무 많이 쑤셔 넣은 소시지 같지 않아요?"

　　B : "아뇨, 멋지기만 한걸요. 하지만 제 드레스는 조슬린 와일든스타인(백
　　　　만장자인 남편이 자기보다 고양이를 더 사랑한다고 생각해 수차례 고양이 얼굴
　　　　로 성형수술한 기괴한 얼굴의 여인-옮긴이) 얼굴 같다고요."

② 칭찬 받아내기

선망과 부러움은 칭찬의 보조 역할을 한다. 그래서 칭찬이 진실하면 진실할수록 그것을 알아차렸다고 알리기 위해 더 현명해져야 한다. 현명한 셀러브리티라면 자신의 고독에 대해 불평하지 않듯이 슬기로운 미녀라면 "맞아요, 내가 좀 예뻐요"라고 말하지 않는다. 모델 리즈 헐리는 그녀가 얼마나 멋진지 감탄하는 기자의 말에 자신의 '못생긴' 손으로 시선을

굶으로써 그의 칭찬을 예의 바르게 받아냈다.

ex. 작곡가 프란츠 슈베르트 : "언젠가 정말로 이런 특별대우를 받을 자격이 되기를 바랐어요."(자신을 명예회원으로 추대한 그라츠 음악협회에 감사하며)

③ 자신을 깎아내리지 않기
만약 타이라 뱅크스가 미셸 파이퍼의 시들지 않는 매력에 대해 칭찬한다면 미셸 파이퍼가 할 수 있는 공손한 대답은 '고마워요'일 것이다. 다른 대답을 하면 타이라 뱅크스는 미셸 파이퍼가 어떤 정보를 낚고 있거나 수상하다고 생각할 것이다. 힘의 균형을 맞추기 위해 자신을 깎아내릴 필요가 없다. 물론 문화적인 차이도 있다. 미국에서는 진심이 아니라면 칭찬하기 위해 칭찬을 끼워맞춰선 안 된다. 또 칭찬을 거절하는 것은 정말이지 부끄럽고 말도 안 되는 일이다.

호의를 구걸하지 마라
⋮

간접적으로 힘을 행사한다는 칭찬의 근본적인 개념은 오래된 문구에 가장 잘 표현돼 있다. 바로 '비위 맞추기to curry favor'다. 이 말의 은유적인 느낌을 완벽하게 이해하려면, '호의'라는 스튜가 커리curry처럼 부글부글 끓고 있는 큰 통을 상상하지 말고, 말 빗currycomb으로 곱게 손질한 '호의'라는 이름의 핸섬한 준마를 상상하라. 올바른 존경의 인사라면 의도적으로 비위를 맞추거나 호의를 구걸하지 않는다. '호의'라는 준마에 너무 격렬하게 올라타면 당신과 '호의' 모두 안장에 쓸려 상처를 입을 것이다.

왕실의 변덕을 다 받아들이는 궁정의 충신들을 잘 살펴볼 필요가 있다. 그들은 자신이 수행하는 일의 두 가지 정치적 기능을 구별해야만 살아남을 수 있었다. 첫 번째 기능은 번개에 대한 피뢰침으로, 군주가 변덕을 부리면 그에 대해 소수의 궁정 신하에게 비난받는 것이다. 두 번째 기능은 최고의 설득 도구로 소수의 궁정 신하를 위해 탄원하는 것이다. 그런데 그들이 한 칭찬이 종종 비난이나 충고를 비꼬아 한 말이 되어 일을 망치기도 했다.

절대군주들의 자아가 우리보다 좀 더 걸출한지도 모르지만 그들도 우리와 다를 바 없다. 칭찬하는 사람이 권력을 향한 의지를 감추고 있는 한 그의 구슬림에 굴복할 수밖에 없다. 그리고 그들이 자신의 실수를 부각시키기라도 하면 충고조차도 쉽게 받아들일 것이다.

상대를 기분 좋게 하는 칭찬의 비밀
⋮

1. 예측할 수 없는 말은 진실처럼 보인다
예기치 않은 말은 기억에 남으며 또 독창적이기 때문에 더욱 진실돼 보인다. 칭찬은 계층적 관계를 파괴하기도 하는데 상사가 부하의 의견에 따르고, 백성이 지배자를 구워삶으며, 주인이 노예에게 지나치게 알랑거리기도 한다앞서 말한 카이사르를 보라.

2. 실제로 칭찬하면 과장하지 않게 된다

솜씨 좋은 칭찬은 듣는 사람을 음울한 현실에서 끌어내 준다. 상대의 짙은 눈썹을 춤추는 캘리그래퍼에 비유할 수 있다면, 왜 "눈썹이 짙네요"라고 직접적으로 말하는가. 당신이 진실된 사람이라면 상대방은 그 말이 진심이라는 것을 알 수 있다. 칭찬을 다듬는 연습을 통해 가장 이상적인 초자아의 요구 사항에 귀 기울일 수 있다. 실제로 칭찬을 하면 과장하지 않게 된다. 칭찬을 통해 수학적인 정확성이 아니라 기분과 욕구를 표현하기 때문이다. 내가 사랑하는 그 사람은 언제나 세상에서 가장 아름답다. 왜냐하면 브레드 피트와 앤절리나 졸리의 세계에서 최고가 아니라 나의 세계에서 최고라고 주장하기 때문이다. 우리는 그 말을 듣고 싶어 한다. 사실 그것이 진실이 아니라는 걸 알면서도 말이다. 셰익스피어를 믿어보길소네트 138.

내 사랑 그녀가 참사랑을 맹세하면

거짓말인 줄 알면서도 나는 믿습니다.

그녀가 나를 순진한 풋내기로 여기도록,

세상의 거짓에 물들지 않은 사람으로 여기도록…

우리 두 사람에게는 악의 없는 진실이 감춰져 있습니다.

햇살은 잊어버려라. 누군가의 삶에 칭찬의 촛불을 밝혀라.

3. 다른 사람을 통해 칭찬을 듣게 하라

당신에게 이익이 되는 그 사람의 명성이나 자질을 노려 그것을 칭찬하라. 성난 폭군을 떠들썩하게 치켜세우는 슬기를 발휘해 자비를 구하는 사람들처럼 말이다. 인기 없는 수련 게이샤 사요 마수다는 칭찬 중계자로 나서 명성을 얻게 되었다.

나는 특정 게이샤에게 영향력이 있는 고객을 만나면 근처에 아무도 없는지 확인한 뒤 이런 식의 말을 건넸다. "언니가 늘 당신에 대해 말해요. 아시겠지만요. 언니는 정말 당신을 좋아하는 것 같아요. 저도 당신이 좋아요! 언니는 나보다 훨씬 더 당신을 좋아해요. 사랑에 빠지면 그런 기분이 드는 거겠죠?" 그 말이 끝나면 나는 순진하게 환한 미소를 지어 보였다. 그 고객은 내가 머리 나쁜 사람이라고 확신하게 되면서 내 말을 진지하게 받아들이고 정말로 즐거워했다. 그리고 이 이야기를 언니에게 전했고 언니는 칭찬을 받았다고 생각해 나를 언니의 파티에 데려가기 시작했다. 그리고 머지않아 모든 노력이 열매를 맺기 시작했다. 나는 유명해졌다.

4. 오랜만에 본 사람은 반드시 칭찬하라

칭찬은 친밀감에 따라 증가한다. 따라서 오랜만에 본 친구에게 칭찬을 하지 않는 것은 친구가 그리 좋은 쪽으로 변한 것이 아님을 의미한다. 나는 남편의 상사와 우연히 만나서 반가웠다. 그는 내게 10년 전 그대로라고 정중하게 말하더니 기분을 확 깼다. "어느 성형외과 다녀요?"

아첨꾼

아첨꾼은 지렁이와 비슷한 느낌을 준다. 짓밟고 싶거나 도망치고 싶다. 그러나 여기서 끝나지 않는다. 반감이 생기면서 기분이 나빠지고 화가 나는 등 부정적인 반응이 무한대로 이어진다. 이런 혐오감의 원인은 무엇일까? 배우 에이미 세데리스가 말했듯이 대화에서는 정말로 '그 순간에' '함께' 있는 사람을 칭찬하는 것이야말로 최고로 훌륭한 칭찬이다. 그러나 유감스럽게도 아첨꾼은 상대방이 저절로 그를 좋아하게 되기는 힘들 거라 생각하고 발벗고 나서서 침이 마르도록 칭찬을 한다.

아첨꾼은 당신의 자존감이 올라가면 그에 따라 자신의 자존감도 올라간다고 생각하기 때문에 현기증 나게 쌓아 올린 칭찬에 골몰한다. 그래 봐야 당신은 몸서리치며 '지금 무슨 말을 하려는 걸까?' 할 뿐인데 말이다.

폭탄 분석

— 발화행위론에서는 말이란 단순히 생각을 소통하는 것이 아니라 사회적 목표를 가지고 말 스스로 행동하는 것이라고 설명한다. 아첨꾼 때문에 생기는 문제는 그의 복잡한 의도가 그의 말을 압도하는 데 있다. 치명적인 것은 그가 너무나 거들먹거려서 과도하게 각이 잡힌 자신의 말에서 목표가 줄줄 새어 나오는 것을 인식하지 못한다는 것이다. 많은 정치가가 그런 독기를 발산한다. 우리

는 그들의 미소가 사실은 '나에게 투표해 주세요'라고 말한다는 것을 안다. 그러
므로 우리는 그들의 목적을 이루어주는 도구로 전락하는 기분이 든다.

대응 전략

— 　아첨꾼은 뱀파이어다. 그래서 그를 초대하지 않는 한 그에게는 힘이
없다. 친절하게 대해야 한다는 의무감은 갖지 마라. 그가 당신을 어리둥절하게
만들면 멈추라고 말하라. 아첨꾼은 우리에게 성실, 스타일, 다른 사람과의 관계
가 중요하다는 사실을 일깨워 준다.

직장 생활에서 사교 관계는
힘의 불균형 때문에 쪼개지기 마련이고,
모순된 요구들로 매듭지어진다.
서로 잘 지내야 하는 동시에
다른 사람보다 앞서야 하며,
경쟁하는 동시에 협력해야 한다.

12장에서 우리는

- 직장에서의 대부분은 협상이다. 논쟁을 피하면서 상대를 설득하고자 할 때, 그리고 원하는 것을 얻고자 할 때 성공적인 직장 생활을 위한 대화법을 배울 것이다.
- **Tip** : 네트워킹을 고민하는 사람들을 위한 인맥 형성법이 제시되어 있다.

대화를 나누면 일이 즐거워진다!
성공적인 직장 생활을 위한 대화법

직장 생활에서 사교 관계는 힘의 불균형 때문에 쪼개지기 마련이고, 모순된 요구들로 매듭지어진다. 서로 잘 지내야 하는 동시에 다른 사람보다 앞서야 하며, 경쟁하는 동시에 협력해야 한다. 최악의 경우에는 두려움과 강한 혐오감이 이 사교 관계를 고난으로 만들기도 한다. 조지프 헬러의 『무슨 일이 있었지Something Happened』에서처럼 말이다.

우리 부서에는 나를 무서워하는 직원 여섯 명과 우리 모두를 무서워하는 비서 한 명이 있다. 또 한 명이 더 있는데, 그는 아무도 두려워하지 않는다. 나조차도 말이다. 나는 즉시 그를 해고할 것이다. 그런데 나는 그가 무섭다.

직장에 열정적 대화가 투입되면 최상의 경우 소통과 열정, 상상력이 촉진된다. 또한 동료애를 관리하는 데 대화만 한 것이 없다.

권력자의 정보를 추측하지 마라

⠿

권력이 낮은 사람은 권력이 높은 사람이 숨기고 있는 것을 궁금해하며 추측하는 일이 많다. 이는 정보의 흐름을 손상시켜 때때로 위험한 '집단사고groupthink'를 키우기도 한다. 이런 환경에서는 리더들이 자신이 듣고 싶은 말만 듣게 된다. 힘의 불균형은 지식의 불균형을 불러일으킨다. 직업적인 만남에서 우리는 이야기를 나누는 상대에 대해 잘 알지 못한다는 사실을 자주 깨닫지만 왜 그런지는 설명하지 못한다. 회계사나 법률가, 외과의사와 대화를 나누다가 아무런 혼란도 느끼지 않은 적이 있는가?

일에 관해서는 근본적인 긴장 상태로 인해 이런 쟁점이 한층 더 복잡해진다. 최고경영자에서 우편물을 담당하는 사람에 이르기까지 모든 사람들은 이중적인 요구에 직면한다. 자기 자신이 되는 것, 그리고 회사에서 맡은 역할을 해내는 것이다. 개인적인 자아와 직업적인 역할이 충돌하면 극적인 사건이 생길 수도 있다.

분명한 표현을 사용해 관계를 깨워라

⠿

일하는 사람은 모두 사생활과 직업 사이의 균형을 맞추는 것 이상으로 뭔가를 노력해야 한다. 감정 조절을 능가하는 무언가가 필요하다. 바로 일에서 개인적인 부분을 잘라내는 것으로 관계를 형성하는

데 도움을 준다. 즉 자존심을 깎아내리거나 우선순위가 무엇인지 불분명하게 흐리지 말고 대화를 활기차게 만들어야 한다. 말로 누르려 하지 말고 이해하지 못할 표현을 줄여 명료하게 소통해야 한다.

복사기 회사 제록스는 이 사실을 1970년대에 직접 체험했다. 당시 제록스의 기술자들과 과학자들은 서로를 거만한 공부벌레와 '토너 머리'로 취급했다. 대화는 끊겼고 상급 직원들은 과학자들의 아이디어에 더 이상 고마워하지 않았다. 그러나 외부인이었던 스티브 잡스는 제록스의 과학자들과 의사소통을 했고, 그들의 혁신적인 아이디어에서 기회를 발견하고는 특허를 냈다. 그들 덕분에 애플 컴퓨터는 훌륭한 열매를 맺게 되었다.

제록스는 직원들 간의 소통이 원활하지 못해 PC 시장을 잃은 것이다. 그러니 그저 수다를 떠는 것 역시 막대한 금전적 가치가 있다. 아, 그리고 이상적으로 볼 때 모든 접촉은 개인적이어야 한다. 빌 클린턴 전 대통령의 대변인이었던 디디 마이어스가 미국 드라마 〈웨스트 윙West Wing〉의 여배우 앨리슨 재니에게 충고했던 것처럼 말이다.

당신의 인간관계는 당신 직업에 의해 결정되는 게 아니에요. 누가 당신을 좋아하느냐에 달려 있죠.

직접 만나면 관계가 견고해질 수 있다. 이는 1만 통의 이메일로도 불가능한 일이다. 모임을 두려워하는 사람에게는 슬픈 일이지만, 입사 8개월 만에 단합대회에 참여한 새내기가 단합대회에 참여하지 않은 기존 직원보다 회사에 더 큰 애착을 느낀다는 조사 결과가 있다. 결국 사람은 친구에게서 물건을 구입한다고 스포츠마케팅계의 대부 마크 매코맥이 말했다. 성공하기 위해서는 동료와 고객을 하나로 대우하는 것에서부터 출발해야 한다.

21세기의 수많은 활동은 종잡을 수 없는 전문어와 은어 속에 가려지고 덮여 한정된 집단에서만 통용되는 특수한 언어는 대화의 주요한 장애 요소다 다른 사람들과 공감을 나누며 불평하는 것이 엄청난 혜택처럼 되어버렸다. 소크라테스가 그랬던 것처럼 다른 사람의 감정에 무정한 경영자라면 대화에서 정보가 새어 나오는 것에 감사해야 한다.

스티브 잡스가 엄청나게 도약한 이래로 세계화는 점점 더 경쟁을 가속화시켜 왔고 '지식 조직화learning organizations'에 적응할 수 있는 속도도 빨라졌다. 똑똑한 사업가는 직원을 회사의 신경으로 본다. 그리고 그들의 손안에 있는 최첨단 노하우의 자물쇠를 열려고 노력한다. 그렇게 해서 그것을 일에 적용한다. 그러나 우리가 열심히 일하는 곳이 어디든, 소통이 얼마나 구시대적이든 상관없이 우리는 똑똑한 대화법으로 자신과 다른 사람들이 가진 무언의 지식을 깨우고 그것을 분명하게 표현하게 할 수 있다.

생산적인 대화로 편견을 보완하라
:
전에 유니레버 회장이었으며 지금은 채널 4의 회장인 앤디 덩컨은 전임 회장에게 '개방적이고 격식을 따지지 않는' 일류 조직의 리더라는 인상을 주었다. 그러나 냉소적인 직원들은 '발가락을 오그라들게 만드는' 덩컨의 스타일을 고무 가면이라고 생각했으며, 그가 자신의 의견과 반대되는 의견을 교묘히 묵살하기 위해 그것을 부당하게 이용했다고 주장했다.

그는 의견이 다른 사람은 언제나 있는 법이라고 단언했다. …소문이 자자한 그의 포괄적 성향은 흥분을 가라앉히기도 했다. 그는 사람들을 대화에 초대해 어떤 이야기든, 그들이 반대하는 뭔가를 표명하라고 말했다. 이야기를 다 듣고 나면 그는 준비해둔 말을 꺼냈다.

그래서 지각 있는 경영자라면 직원들에게 독립적인 과업을 맡김으로써 일부러라도 충성심이 생기도록 해야 한다. 즉 직원들만큼이나 열심히 편견에 맞서 전략을 짜야 한다. 한편 지각 있는 직원이라면 경영자가 우호적인 감정을 느낀다는 사실에 고마워해야 하며, 쉽게 보상받을 수 있도록 긍정적인 모습을 보여야 한다.

생산적인 업무 대화는 더 이상 의욕을 고갈시키지 않는다. 오히려 일을 더 열심히 하도록 만들며, 두뇌와 정신을 조화시키고 시간을 절약해 준다. 일터에서의 대화 방법은 보통 대화와 다르지 않으며, 술집에 가는 것보다 더 절실하게 이용할 가치가 있다. 그리고 인터뷰나 물건을 구매하라고 권유하는 대화가 전체 회의와는 역학이 다르다고 해도 여기에 적용되는 기본 원리는 같다. 기본적으로 소통은 쌍방향으로 이루어진다는 것이다. 보내는 사람과 받는 사람 모두 메시지가 크고 선명하게 울려 나오도록 동등하게 책임져야 한다.

대화를 효과적으로 하면 편견을 보완할 수 있다. 골퍼들이 퍼팅을 할 때 잔디 상태와 경사도를 고려하는 것처럼 말이다. 대화를 최고로 잘하는 사람은 한 수 높게 행동하며 유리한 점을 찾아낸다. 이런 역학을 교묘히 이용하면 상대방이 원하든 그렇지 않든 대화로 상대방을 행복하게 만들 수 있다.

자신을 분석하고, 계획하고, 관리하라
⋮

소통의 목표는 언제나 똑같다. 소통 경로를 계속 열어두고, 융통성 있는 관계를 유지하고, 긍정적으로 생각하는 것이다. 무엇보다도 분석을 통해 계획을 세워 자신을 잘 관리해야 한다. 원인은 검토하지 않고 다른 사람을 비난하는 태도를 보이는 자기만족적 기질을 보완하기 위해서다. 아울러 행운의 파도를 타게 되었을 때 성공을 내 것으로 만들기 위해서다. 상사가 거칠고 활기 있다고 불평하는 것은 자멸하는 행동이다. 소통을 강화하고 자신이 받은 질문이 무엇인지 분명히 하고 즐겁게 일하려면 그런 상사가 더 낫기 때문이다. 직장에서 나누는 대화를 통해 어려움을 배움의 기회로 만들 수 있다.

직장에서 성공적인 대화를 나누는 방법은 성공적인 인간관계에서 그런 것처럼 공통점을 찾는 것이다. 그리고 그 공통점을 잡아 늘리 협상은 마치 포커와 같다. 가능성을 높이기 위해 협상 공간을 미리 스케치해야 한다. 협상 공간의 좌표는 내가 원하는 것, 허용할 수 있는 것, 허용할 수 없는 것, 감수해야 할 것 등으로 구성된다. 그리고 같은 매개변수가 다른 면에도 적용된다. 이 좌표로 이루어진 도형이 해결 영역이다. 그 영역의 윤곽을 그리며 중점적으로 주고받을 사항이 무엇인지 계획한 다음 뒤로 물러나 살펴보자.

① **협상할 수 있는 폭이 있는가?** : 각자의 이해관계와 목표를 되짚어 보아라. 협상 테이블에는 없지만 나와 상대방을 모두 충족시킬 수 있는 다른 뭔가가 있지 않을까? 만약 그렇다면 이것이 내가 숨겨둔 비장의 카드가 된다. 자, 이제 의견이 일치하지 않을 때를 상상해 보자. 다른 대안이 있는가? 대안이 없다면 나중에 버리고 말 정보가 될지라도 일단 받아 챙겨라.

② **상대방 입장의 이면을 읽어라** : 회의를 할 때는 상대방 입장의 이면에 있을지 모를 동기와 가설을 알아내야 한다. 그것을 명백히 밝히면 형세가 바뀔지도 모른다. 또한 자신의 기준이나 목표를 말하는 것을 부끄러워하지 말아야 한다. 상대방이 아무리 뛰어난 통찰력을 가지고 있다 해도 그것을 곰곰이 생각하지 않을지도 모른다. 그러니 꼭 말해야 한다.

③ **공정함은 심리상의 문제다** : 양측이 다시 거래하기를 바란다면 이는

장기적인 거래, 즉 관계를 유지하게 되는 것이다. 그러니 공정함과 정당함을 혼동하는 일은 없어야 한다. 실험실의 침팬지들은 자신이 오이를 좋아하더라도 과제 수행에 대한 보상이 자신은 오이이고 다른 녀석은 탐스러운 포도라면 과제를 수행하지 않으려고 한다. 왜 그럴까? 공정함은 논리상의 문제가 아니라 심리상의 문제이기 때문이다. 즉 체면 문제다.

④ 훌륭한 협상자의 거래는 짧다 : 훌륭한 협상자는 거래를 짧게 함으로써 거래를 즐겁게 유지한다. 너무 길게 말해 상태를 경직시키면 양측은 서로 투자한 시간만큼 더 받아야 한다고 생각한다(상대편도 똑같은 시간을 보냈다는 사실은 잊은 채 자신이 받은 파이가 더 크지 않다는 점만 따진다).

는 것이다. 그러려면 재치와 판매 전략이 필요하며 소통하는 법과 메시지를 받는 법 역시 확실하게 알아야 한다.

무엇을 얻을지 신중히 분석하라
:
마키아벨리의 기준에 따르면 신중함은 분석적이고 금욕적이다.

신중함은 특정한 위협의 본성을 평가할 수 있다. 그러면 (감수해야 할) 불운이 적어진다.

대화 여부를 결정할 때 나름대로 비용 대비 수익을 분석해 보자. "그래서 대화를 하면 어떻다는 거지?"라고 물어보는 것이다. 그리고 말하기 전에 반드시 물어봐야 한다. "이렇게 말하는 것이 그만한 가치가 있을까?" 대화를 시작해 놓고 슬금슬금 빠져나가는 걸 좋아하는 사람은 아무도 없다. 그러니 대화에서 무엇을 얻을 수 있을지 확실히 해야 한다. 그저 화를 풀기 위해 대화하려고 하는가? 아니면 서로의 이익을 위해서? 터놓고 말하는 것이 나 자신 또는 사업의 장기적인 이익을 위한 것인가? 그럼 내가 말하지 않는다면?

이런저런 물음에 대해 신중하게 고려한 다음 대화가 정말 장기적인 이익을 내는 가장 빠른 길이라고 판단되면 대화를 시작해 보자.

우선은 그들이 나를 믿어야 한다
:

우리는 대화하면서 모두 뭔가를 판다. 그것은 아이디어일 수도 있고 의견이나 농담일 수도 있다. 일하는 사람이라면 모두 자신의 기술을 팔아야 하는 법이다. 많은 사람이 이 사실을 모르는 것 같다. 뭔가를 판다는 생각이 겁나기 때문이기도 하다. 바보들은 '그게 다'라고 상상한다.

그러나 진지한 판매 전략은 고객의 의욕에 불을 붙이는 부싯돌이다. 인간성과 열정을 이용해 인간관계를 맺어준다. 그것이 없다면 어떤 일도 존재하지 않을 것이다. 판매의 가치를 무시하는 사람은 알아야 한다. 판매는 철학적 갈채의 화관을 쓰고 온다는 사실을. 아리스토텔레스는 『수사학 Art of Rhetoric』에서 대화를 이렇게 정리했다.

대화의 세 가지 양상 (*아래로 갈수록 중요도가 더 높아진다.)

- 로고스(logos, 이성) : 논쟁의 방식과 가치
- 파토스(pathos, 감성) : 듣는 사람의 감정
- 에토스(ethos, 도덕성) : 말하는 사람의 진실성

청중의 반응이 차갑다면 아무리 좋은 아이디어라도 소용이 없다. 내 말에 청중이 눈물을 흘리고, 그들의 머릿속에 메시지가 담기더라도 우선은 그들이 나를 믿어야 한다. 그리고 믿고 싶어 해야 한다. 현명한 직장 내 대화는 듣기나 말하기로 초점을 좁히는 것이 아니라 믿음과 신용과 장기적인 대화를 쌓는 데 중점을 두어야 하며 이것이 바로 인간관계를 만들어 가는 것이다.

소통이란?

- 성과를 나누는 것
- 당연한 일을 칭찬해 주는 것
- 감탄과 감사를 표현하는 것

- 즐거워하고 즐겁게 해주는 것

- 약한 자를 위해 소리 높이는 것

- 솔직하게 먼저 사과하는 것

　자신의 지위를 강화하기 위해 관계를 이용하는 것은 사람뿐이다. 이런 방법으로 영장류는 일을 해 나간다. 원숭이 세계에서도 이와 비슷한 인맥 형성 방식을 볼 수 있다. 그것을 우리는 관대한 행동이라고 부를 수 있다. 그러나 아무리 직장에서 격식을 차리지 않고 대화를 나눈다고 해도 친밀감을 넘겨짚지는 말아야 한다. 차라리 유머를 이용하는 것이 좋다. 유머는 무적의 우정 응고제이며 시간만이 유머를 나눌 자격을 부여한다. 문화인류학자들이 1950년대 런던 백화점에서 알아낸 바로는, 신입사원들이 농담에 합류하기까지는 3주를 기다려야 했으며, 자신의 농담을 선보이기까지는 3주를 더 기다려야 했다.

조정, 보내기, 받기
　⋮
직장에서의 대화는 조정, 보내기, 받기의 세 부분으로 구성돼 있다.

1. 조정 : 대화 분위기를 미리 연습하고 이끌 수 있다

체계적인 대화를 나누기 위해서 미리 생각해 두어야 한다. 언제, 어디서, 얼마나 오래, 무슨 문제를 거론할지, 어떤 순서로, 어떤 어조로 말할지, 어떤 이익과 목적을 얻을 것인지, 그리고 그것을 어떻게 결합하고 개선시킬지 말이다.

상대와 마주친 순간에 인사하고 자신을 소개한 뒤친하지 않다면 농담을 주고받아라. 이를 통해 서로의 관계를 존중하고 그 관계를 안전한 곳에 무사히 내려놓게 된다. 대화가 일 이야기로 전환되면 뒤따라오는 이야기가 개인적인 이야기가 아니라는 뜻이며, 이를 통해 여기에 누가, 왜 왔는지 확실히 알 수 있기 때문이다.

말머리로 꺼내는 사소한 이야기를 통해서도 대화 분위기를 미리 연습하고 맞출 수 있다. 이렇게 함으로써 그다음에 이어지는 대화의 틀을 바꿀 수 있을지도 모른다. 예를 들어 내가 대안을 준비해 왔다고 살짝 내비치면 상대방의 대화 전략이 누더기가 될 것이다. 또는 첫인사를 이끌어내라. 그러면 그다음 진행되는 일도 자신이 이끌게 될 것이다. 대화가 시작되면 목적과 계획을 명확히 제시하고 한 걸음 한 걸음 나아가 결국에는 서로 동의하는 내용을 반복하면서 제안과 결정 사항을 맞추어 나가도록 노력해야 한다. 마지막으로 대화 도중 무슨 일이 있었든 우호적인 작별 인사는 깎인 체면을 세워준다.

2. 보내기 : 메시지의 울림을 주려면 분명히 표현하라

메시지가 울려퍼지게 하려면 메시지를 표현해야 한다. 담백함과 간결함을 목표로 키워드와 유머, 놀라움, 눈길을 사로잡는 이미지를 사용하면서 어휘와 속도, 어조를 조절해야 한다. 자신의 개성을 가두지 마라. 사회학자 카를 마르크스는 '가장 통렬한 재치와 철학적인 진지함'을 뒤섞어 신랄한 풍자를 할 줄 알았다.

듣는 사람이 얼마나 가까이 앉았는지도 고려해야 한다. 언제 상대를 쳐다보며 풍자에 빠뜨릴지, 그래서 시선을 잡을지, 언제 동작을 취하면 대화에 활력을 더할 수 있을지 고려해야 한다. 그리고 여러 가지 대답이 나올 수 있는 질문으로 듣는 사람을 자신이 원하는 방향으로 끌어와라 '예'나 '아니요'로 대답할 수 있는 질문은 안 된다. 그리고 목소리 크기와 속도, 강세 등을 적절히 이용하라. 1854년 조지 허비는 『수사학Rhetoric of Conversation』에서 이렇게 충고했다.

항상 대명사 '나'를 피하고 상대방 입장이 되어 말하면서까지 겸손하다는 평가를 받으려고 하지 마라.

직장에서 '제 생각은'이라고 말하면, 이것이 나의 생각이고 묵시적으로 다른 사람들에게 그것을 고쳐달라고 부탁하는 것이 된다.

3. 받기 : 동의하지 않더라도 잘 듣고 의견을 인정한다

현명한 청자는 적어도 표면적으로는, 결점이 있다고 증명되기까지는 상대가 한 말이 결백하다고 지지한다. 그러면서 자신의 태도를 결정하기 전에 말하는 사람이 어디서 왔는지에 대한 단서를 탐색하고 선별하며, 그 말이 좋은 생각인지 아닌지에 대한 의견을 거리낌 없이 제시한다. 체계적인 접근법은 이렇다. 먼저 자료를 탐색하고 그다음에 의견, 제안, 해결책을 차례로 탐색하며 마지막에 결정을 내린다.

대화에 집중하려면 이야기하고 질문하며 반복하고 부연 설명을 하라. 주어진 해석에 동의하지 않더라도 상대의 의견을 인정해야 한다. 그리고 대화가 수렁에 빠지면 대화에서 즉시 빠져나와야 한다. 대화가 원활하지 못한 것을 인정하고 이유가 뭔지 다른 사람들과 함께 알아내야 한다.

파괴적인 힘의 경쟁을 피하려면 잘 듣는 것이 최고다. 이런 힘의 경쟁은 직장 내의 관계가 지니는 거대한 자산, 즉 의무감을 쓸데없이 낭비하게 만든다. 실제로 의무감은 관계를 창조할 수 있다. 정치가 벤저민 프랭클린은 책을 빌려달라고 부탁함으로써 열정적인 경쟁 상대를 길들였다. 이 작은 빚이 새로운 대화 소재를 가져다주었고 그다음에 관계가 맺어졌다.

대화로 최고의 해결책을 찾아라
：

유쾌하고 쉽게? 정말이지 늘 간단하지는 않다. 한편으로는 대부분의 직장 내 대화에서, 그것이 대화이든 여러 사람이 모이는 회의이든 우리는 오직 한 가지 동기만 가질 것이다. 바로 최고의 해결책을 찾는 것이다. 최고의 해결책을 찾기 위해서 전달해야 하는 메시지는 바로 이것이다. '당신은 나와 함께 일하고 싶군요.' 서비스 정신을 갖추면 어디든 갈 수 있다. 헤지펀드 GLG 파트너스의 재벌 재단 설립자인 노암 고츠만은 자신의 성공 비결은 바로 편집증이라고 말했다.

비결은 고객이 무엇을 원하는지에 관심을 두는 것이죠. 우리가 하는 일이 '최근 당신이 나에게 무엇을 해주었는가?'에 대한 사업이지 않습니까.

그런데 우리도 모두 그렇지 않은가? 내가 최근에 한 일을 보여주는 것은 내가 다음에 무엇을 할 수 있는지를 보여주는 것과 마찬가지로, 나의 해결책이 그들의 요구와 딱 맞아떨어진다고 확신시키는 것이다. 그리고 그들이 원하는 것이 정확히 무엇인지를 확신시키기도 한다. 그럼 이렇게 하기 위해서 필요한 몇 가지 점검 사항을 살펴보자.

- **조사** : 이익과 이점이 어디에서 만나며 어디에서 갈라지는가?
- **정렬** : 그들의 요구 위에 자신의 제안을 그려라.
- **예상** : 나올 법한 질문과 반대 의견을 예상하라.
- **이끌기 · 따라가기** : 인터뷰어와 인터뷰이는 각기 다른 방향으로 나아가기 마련이다. 인터뷰기자는 정보를 향해 밀고 나가고, 인터뷰 대상은 친근하게 조언하는 분위기로 기자를 끌어당긴다. 그런데 두 사람이 도를 넘으면 순식간에

브레인스토밍

마음을 열고, 시냅스를 자극해 새로운 아이디어(판단에는 이르지 않는)가 세차게 일어나도록 대화한다는 뜻이다. 이 방법으로 회의 참가자들은 머리에 번쩍 떠오르는 생각을 자유롭게 말할 수도 있지만, 이를 체계적으로 조직하지 않으면 저속한 농담 속에서 첨벙거리게 될 수도 있다.

기업 소통 전문가 린다 콘웨이 코렐은 브레인스토밍을 통해 도출된 산물(아이디어나 발상)을 다루면서 다음과 같은 목록을 작성하라고 제안한다.

- 그것(아이디어나 발상)에 대한 사실
- 감각 기관을 통한 관찰('산물'이 수학만큼 추상적이기는 하지만 가능한 일이다)
- 그것에 대한 경험담
- 그것의 용도

그다음에는 이 목록에서 단어를 끄집어내 신선한 목록을 작성한 뒤 이 두 목록의 조합을 확산시켜야 한다. 브레인스토밍을 통해 얻은 산물의 특성을 공유하는 것, 그 산물의 새로운 용도를 묘사하기 위해 여러 요소를 결합하는 것이 이에 해당된다. 그리고 비슷하지 않은 요소 사이에서 유사점을 찾고 이 목록을 통해 자신이 얻은 산물에 멋진 새 정의를 내릴 수도 있다. 그렇게 하면 그것이 아주 달라 보일 것이다. 그러나 계속해서 이 과정을 활발하게 해내야 한다.

대화는 실패할 것이다. 그러니 신호를 잘 읽으면서 상대에게 보조를 맞추어라.

- **두려워하지 않기** : 자신감을 높이기 위해서 감정적 이해관계를 줄여라. 인터 뷰를 재미있는 사람을 만나는 일이라고 여기고 자신만의 쾌적한 환경을 조성하라. (밀어붙일지 접고 넘어갈지 고민하느라 두근거리지 않게 된다).

성공적인 논쟁은 상호 이익에 초점을 맞춘다
:

"한 명의 왕자보다 다수의 서민이 더 현명하고 견실하다." 메디치 가에서 파면된 뒤 마키아벨리가 한 말이다. 위인만이 최고의 현명함을 지니는 것은 아니며, 대중의 결집된 관점은 민주주의만큼이나 노련한 통찰력을 지닌다. 이와 마찬가지로 대중의 생각을 말하는 것이 반드시 대중의 관점을 모으는 가장 좋은 수단이 되지는 않는다.

분석가들이 발견한 바에 따르면 가장 성공적인 경영 팀은 열심히 논쟁하되 논쟁의 어조가 인신공격적이지 않으며, 이 때문에 쉽게 합의를 이룬다고 한다. 즉 초점이 이익에 맞춰져 있다는 말이다. 그러나 논쟁은 적절한 통제가 없으면 말다툼으로 전락하기 십상이다. 대화가 사람들을 점점 더 극단적인 곳으로 몰아가기 때문이다. 더 나아가 '파킨슨의 사소한 것에 대한 관심의 법칙'에 따르면 회의 안건이 덜 중요할수록 회의에 더 많은 시간이 걸린다고 한다. 우리를 화나지 않게 할 문제에 대해 의논할 때 우리는 가장 거리낌 없이 말하며, 그런 문제라면 무한한 해답을 제시할 수 있고 또 할 가치가 있다고 여긴다. 결론을 말하자면 모든 회의에는 수명이 있고 그때를 넘기면 치매가 시작된다는 것이다. 회의의 일대기를 간단하게 정리하면 다음과 같다.

논쟁이 발생한다. 서서히 목소리가 높아지고, 의견의 연약한 싹이 움튼다. 어떤 의견은 빛을 발견하고 물을 흡수해 쑥쑥 자란다. 어떤 의견은 그늘에서 시들어간다. 그러다가 중대한 의견이 지지를 받으며 거름을 다 흡수해 버린다. 무럭무럭 자라서 도끼가 내리칠 때까지……

회의 참여자가 할 일은 힘 닿는 데까지 자신의 입장을 밝히는 것이다. 언제 어떻게 그 주장을 포기할지 예민하게 살피면서 말이다. 도끼를 든 사람은 의장이다. 그러나 의장은 전체를 살피는 임무도 완수해야 한다. 내 생각이 옳다고 다른 사람을 설득하는 최고의 방법은 반복하기다정치가, 광고, 조직화된 종교 등을 보라. 그러므로 의견을 독점하는 사람이 있으면 그에게 이의를 제기하고, 많은 의견보다는 제대로 된 결정에 도달하며, 초기에 광기를 잘라내는 것이 매우 중요하다. 다음 사항을 유념하자.

- 안건 : 미리 동의를 구하고 회람된 안건
- 시간 : 너무 길지 않게 정해진 만큼, 점심 식사 후는 피해서
- 회의 장소 : 조용하고, 회의에 도움이 될 만한 장소
- 참가 자격 : 시간을 낭비하지 않을 사람

고압적으로 말하지 않는다

⋮

이상적인 의장은 고압적으로 말하지 않고 회의를 진행하며, 최후에 말함으로써 완성된 결정을 제시하고, 거론되지 않은 의견을 찾아내기 위해 열심히 경청한다. 그리고 다음 사항을 금한다.

두서 없는 의견, 목적에서 벗어난 의견, 뒷짐 지고 있는 태도, 독점하는 태도, 인신 공격, 유도 심문, 논쟁, 교묘한 대답 회피, 우유부단한 태도

그리고 다음 사항은 권장한다.

상호 이익, 억측 파헤치기, 제안 분석, 대안 탐구, 선의의 비판

'매우 위트 있고 독자적인 학자이며 빼어난 지혜를 가진' 아라곤 왕의 카운슬러 벨링게르 발다시네는 '미심쩍고 비중 있는' 문제를 집으로 가져가기를 좋아했다. 저녁 식사가 끝나면 하인들을 모아놓고 수수께끼를 냈다. 이럴 때 재치 있는 사람이라면 이런 사교적 활동을 소통의 엔진으로 삼아 활발히 참여했을 것이다. 그들은 최선을 다해 소통에 참여하고 강자를 즐겁게 하며 약자와 친분을 맺는 동시에 되도록 설득력 있게 자신의 주장을 펼칠 것이다.

네트워킹을 고민하는 사람을 위해

인맥 형성은 대중적이지 않다. 그러나 은둔 생활을 하는 사람이 회사의 경영권을 갖는 경우는 거의 없다.

인맥 형성이란 대화를 나눌 대상을 알고 그들을 경청하게 만드는 법을 멋지게 꾸며 표현한 말이다. 이상적인 인맥은 이익도 이익이지만 많은 기쁨을 준다. 나는 훌륭한 파티를 여는 매혹적인 부부를 알고 있다. 수없이 많은 실타래가 손님들을 연결하고 있다. 손님 중 많은 사람이 주인 부부보다 더 큰 권력을 가졌을 수도 있다. 그러나 그들은 주인 부부의 집을 매개로 만나기 때문에 영향력의 거미줄에서 중력의 중심에 있는 큰 거미는 주인 부부가 된다. 사교의 영향을 빗댄 말이 있다. 바로 좋은 사람을 얻으려면 좋은 사람이 되라는 말이다. 인맥을 신중하게 지켜라.

네트워킹을 형성하는 요령

인맥이 견고한 사람은 모든 사람을 왕으로 여긴다. 자기 자신도 마찬가지다. 성공적으로 인맥을 구축하는 사람은 자신이 더 많은 불꽃을 일으킬수록 더 많은 불티가 번쩍인다는 것을 알기에 다방면에 걸쳐 두루 주문을 건다. 지치지 않는 살롱 여주인 캐롤 스톤에게는 요령 없는 사람들이 틀림없이 이렇게 보인다.

그들은 미끄러지듯 연회장으로 들어가 곧장 가장 영향력 있는 사람에게 간다. 그리고 그들의 관심을 독차지하려고 한다. 그러다 시시한 다른 사람들에게는 눈길 한 번 주지 않고 갑자기 나가버린다.

무엇에 대해 대화할 것인지 생각하라. 그리고 누구와 대화할지도 생각하라. 그러나 너무 파고들지는 말아야 한다. 그리고 일상에서 벗어난 문제에 대화의 초점을 맞춰라. 낯선 사람이 내 구글 검색 이력을 상세히 말했을 때 나는 정말 당황스러웠다. 나는 그에 대해 아는 것이 전혀 없었기 때문이다. 나는 이런 사람보다는 새로운 아이디어를 제공해 주고 내가 사물을 다른 시각으로 보게 만드는 사람과 말하는 것을 좋아한다.

나의 안건에 다가가면서 간접적인 질문을 하는 것이 좋다. 그러나 다른 사람들이 스스로 화제를 꺼내지 않는다면 지금 내게 필요한 것이 연락처 말고 뭐가 있겠는가? 그를 내 편으로 끌어들여 기필코 약속을 받아내라. 그가 내 전화를 받고 기쁘다면 두 사람은 연결된 것이다.

침묵할 때가 아닌데 침묵하고,

경청하는 대신 웃고,

'네' 라고 말하지만 속내는 그렇지 않고,

아무 말도 하지 않는 사이

뭔가를 잃고 있는 것은 아닐까?

13장에서 우리는

- 우리는 항상 타이밍에 맞는 말만 하며 살까? 까다로운 사람과 소통해야 할 때, 적절한 타이밍에 까다로운 대화의 방향을 잡는 비법을 배워보자.
- **Tip** : 실체가 없는 만물박사를 만났을 때의 대처법이 제시되어 있다.

13

곤란한 상황에 처하셨군요!
까다로운 대화에서 방향을 잡는 방법

프랑스 낭만주의 발전에 기여한 소설가이자 비평가 드 스타엘은 말솜씨가 아주 매혹적이어서 당시 사람들은 그녀가 유럽영국에서 러시아에 이르는의 3대 세력가에 든다고 평가했다. 문학의 거장이자 정치계의 정력가이고 남자를 유혹하는 데 능숙했던 그녀는 비록 아름답지는 않았지만 자신의 살롱을 멋지고 훌륭한 사람들로 뒤덮어놓았다. 그리고 군대 동원에 일조해 나폴레옹을 몰락시켰다.

한때 그녀는 나폴레옹을 쫓아다녔다. 그녀는 나폴레옹에게 '천재'가 보잘것없는 '크레올Creole, 식민지에서 태어난 유럽인의 자손 혹은 유럽계와 식민지 현지인의 혼혈―옮긴이 출신' 아내와 함께 안장에 올라타다니 정말 유감스럽다는 편지를 써 보냈다. 그런데 아무런 답장이 없었다. 결국 그녀는 나폴레옹을 찾아 탈레랑의 집까지 갔고, 그에게 월계수 가지를 건네주며 이렇게 다그쳤다.

드 스타엘 : 당신은 어떤 여자를 가장 존중하나요?

나폴레옹 : 자신의 집을 가장 잘 관리하는 여자라오.

드 스타엘 : 네, 무슨 뜻인지 알겠어요. 하지만 당신을 위해서는 누가 가장
훌륭한 여자인가요?

나폴레옹 : 아이를 가장 많이 낳는 여자라오.

그녀가 나폴레옹에게 원한을 품은 것은 하나도 이상할 것이 없다. 이 이야기는 프러포즈를 받는다면 섬세하게 다뤄야 한다는 교훈을 준다. 그럼 나폴레옹이 주는 교훈은 무엇인가? 누군가에게 퇴짜를 놓아야 한다면 제대로 놓아야 한다는 것이다. 이들의 껄끄러운 만남을 통해 모든 대화가 협상이라는 점, 그리고 협상에 서툰 사람은 관계를 망칠 수 있다는 점을 잘 알 수 있다. 그런데 그 반대 역시 맞는 말이다. 즉 협상을 잘하는 사람은 관계를 좋게 만들 수 있다.

까다로운 대화는 관계를 바꾼다, 더 좋게 혹은 나쁘게
:

대화에 도전하는 방법은 사람 수만큼이나 다양하지만 종류에 따라 몇 가지 범주로 분류된다.

대화에 도전하는 방법
- 적극적인 대화 : 비위 맞추기, 대면하기, 달래기, 중재하기, 유혹하기, 설득

하기, 반대하기, 비난하기 등

• 방어적인 대화 : 반갑지 않은 접근은 슬쩍 피하기, 비평은 재치 있게 받아넘기기, 비난을 딴 데로 돌리기 등

가장 까다로운 대화는 상처받은 사람과 나누는 대화다. 대화로 상처를 치유하거나 없던 것으로 할 수 있든 없든 말이다. 삶의 면도날을 타고 내려오고 있는 사람에게 무슨 말을 하겠는가. 자신에게 또는 그 사람에게 잠자는 개는 그대로 두라고 말할지도 모른다. 우유를 쏟고 나서 울어봐야 소용없으니까 말이다.

시린 상처를 피해 가는 것이 무엇이 잘못됐는가. 때로는 그것이 통찰력 있는 친절일 수 있다. 기대어 울라고 내민 어깨가 흠뻑 젖을지도 모르며, 그의 상처를 달래주려다 달갑지 않은 과거의 불행이 연상될 수도 있다. 신문의 인생 상담란 담당자들은 무슨 잔소리를 할까 곰곰이 생각할지도 모른다. 충고가 더 이상 생각나지 않으면 사람들의 고민을 들어줄 수 없으니 말이다. 그런데 고민 있는 사람에게 아무 말도 해주지 않는다면, 그리고 그 문제가 심상치 않은 문제라면, 아무것도 아닌 그 문제에서 어떤 일이 발생할 것이며, 그것이 좋은 일은 아닐 것이다.

대화에 도전한다 해도 미리 최악의 상황을 예상하면 난관에 이르기 십상이다. 남자들은 두려움을 느낄 때, 두려움을 느낀다는 수치심 때문에 그냥 침묵하는 경우가 많다. 여자들 역시 두려움을 능숙하게 다루지 못한다. 우리는 대화를 나누면서 솔직해야 한다는 생각

을 하고 있다. 이런 생각 때문에 불쾌한 이야기를 나눌 때면 직접적인 언급을 피하게 된다. 그리고 이런 대화를 나눈 뒤에 오히려 소통의 기술이 줄어들거나 사람과의 관계가 약해지는 의도하지 않은 일이 벌어지기도 한다.

간접적 소통이 오해를 더한다

오늘날에는 이메일, 편지, 문자 등 사람을 피하고 직접적인 대면을 미룰 수 있는 대체 방법이 아주 많다. 간접적인 소통이 상승세를 타고 있는 것이다. 더욱이 나쁜 소식을 전해야 할 때나 오해를 피하고 싶을 때는 그런 방법이 더 수월하다고 여기기도 한다. 정말 그렇기라도 한 듯이 말이다.

내 친구의 장인, 장모는 편지를 아주 많이 쓰는 분들이다. 내 친구에게 아이들을 얼마나 귀하게 길러야 하는지, 손녀가 얼마나 귀여운지에 대해 정기 회보 보내듯 편지를 쓴다. 친구는 이 편지를 조용히 생각하며 읽지 않는다. 아기에게 아침을 먹이려고 한창 씨름할 때 읽는다. 그분들이 이 사실을 알게 되면 분명 충격을 받을 것이다. 그분들은 일방적인 매체로 메시지를 전달하면 본래 의도와 달리 메시지가 하나의 심판처럼 받아들여진다는 사실을 전혀 알지 못했다. 즉 몹시 지친 사위에게는 목소리의 영향력을 포기하고 편지로 전하는 것이 허세를 부리는 일이고, 귀에 거슬리며, 살짝 정신이 이상해진

건 아닌가 하는 인상을 주었을 거라는 말이다.

　모든 소통은 대화로 이루어진다. 말하는 사람이 자신의 의도대로 말하는 것이 아니라 말하는 사람과 듣는 사람이 서로에게 영향을 주고받는 것이다. 소통이 잘못되기를 바라는가?

　말의 의미를 크고 선명하게 울려주는 무수한 비언어적 신호를 버린다면, 그래서 이로 인해 상대방의 표정에서 메시지를 파악해내기 어렵다면 어떻게 될까? 그렇게 되면 내가 한 말을 상대가 잘 이해할 수 있는지, 새로운 정보가 잘 섞여 들어갔는지, 잘못된 생각이 바로 잡혔는지, 말을 너무 많이 하기 전에 어떻게 멈춰야 하는지 등을 알아낼 수 없다. 그리고 메시지를 받는 쪽에서는 말에 실린 감정적인 힘과 어조를 들을 수 없다. 잘못된 느낌에 대항하거나 대답할 권리를 행사할 수 없음은 말할 것도 없다.

　편지 쓰기가 어려움을 미연에 방지한다고 말하는 것은 각자의 방에서 눈가리개와 귀마개를 쓰고 대화해야 뜻을 더 분명히 전달할 수 있다고 말하는 것과 같다.

곤란할수록 얼굴을 맞대고 협상하라

　:

사회과학자 마이클 무어는 서로 얼굴을 마주 보고 하는 협상이 이메일로는 할 수 없는 친밀한 관계를 만들어낸다고 주장했다. 문제를 풀고 관계를 유지하기 위해 상호 이해는 필수적이다. 그리고 나는 인간의 뇌와 얼굴과 몸은 말하기와 듣기를 동시에 해내는, 어떤 과학기술로도 대신할 수 없는 고화질 다중채널 동시 처리 시스템을 갖

TIP
감정에 휘둘리지 않는 비결

대부분의 대화는 감정적 어려움을 겪는다. 그런데 감정이 상하더라도 그렇게 느껴서는 안 된다고 하는 것은 충고라 할 수 없는 졸렬한 충고다. 대신 내가 받은 모욕을 조심스레 늘어놓아 보자. 그러면 모욕의 감정적 힘이 감소하면서 그 정당성을 알게 될지도 모른다.

① 느낌을 탐구하라("당신이 화난 거 알아요"). 느낌을 묵살하지 마라.

② 다른 사람에게 문제를 제기해야 한다고 알려라(내가 그것을 문제라고 생각하지 않더라도 말이다).

③ 감정적으로 또는 도덕적으로 반응하지 마라.

④ 다른 사람이 말하도록 문장을 완료하지 마라.

⑤ 의견이나 충고를 찾았다면 그냥 제시만 하라.

⑥ 꼭 필요할 때만 동의하거나 반대하라.

⑦ 말을 지지하기 위해 끼어드는 행동은 제한하라.

⑧ 키워드를 반복하라. 내가 문제를 파악하고 있다는 것을 보여주기 위해, 그리고 사방으로 뻗은 새로운 길로 옮겨가기 위해.

⑨ 경청하는 것을 보여줘라. 즉 상대방을 정면으로 대하고, 계속 시선을 맞추고, 열린 자세로 대하라.

⑩ 질문하고, 요약하고, 어떻게 진행할지에 대해 의견을 구하라.

추고 있다고 주장해 왔다. 전화나 팩스로는 키스도, 사랑도 할 수 없다이 방법으로 누군가를 차버릴 수는 있다 해도. '미안해' 라는 말과 함께 진정으로 후회하는 표정을 짓는다면 더할 나위 없이 좋다.

까다로운 대화에 현명하게 맞서라

곤란한 대화를 회피하는 바보 같은 행동 중에서 최악은 아마도 타이밍이 맞지 않는 행동을 하는 것이 아닐까? 침묵할 때가 아닌데 침묵하고, 경청하는 대신 웃고, '네' 라고 말하지만 속내는 그렇지 않고, 다르게 생각하는 사람이 있을까 봐 겁나서 아무 말도 하지 않는 사이에 뭔가를 잃고 있는 것은 아닐까?

그리고 대화가 까다로울지, 안 까다로울지 어떻게 미리 알 수 있는가? 제2차 세계대전 정보 전문가 레이놀드 빅터 존스가 창안한 '까마귀 법칙' 대로 행동하라.

아무리 믿고 싶은 것이 있어도 믿지 마라. 자신이 알아야 하는 것을 알게 될 때까지는.

판에 박힌 대화가 계속되면 자진해서 그 상황에 맞서라. 회피, 조정, 설득 중에서 알맞은 전략을 골라 작전 행동에 들어가라.

곤란한 대화 해결법 1_ 회피

⋮

이 방법은 미묘한 화제에서 벗어나고 싶을 때나 방어적 상황에 적합하다.

1. 열중

미끼를 물지 마라. 그러면 상대방이 힘을 쓸 수 없다. 어느 작가는 '예상외로 호감이 가는' 최면술사 폴 매케나에게 매료되었다. 작가는 그가 '심하게 솔직한' 사람이라는 것을 깨달았다. 왜 그랬을까? 폴 매케나는 '칭찬하는 말을 거의 모두 받아들이는 사람이라서 당황하게 할 수 없었다.'

- 실행 방법 : 열에 강한 합성수지 테플론은 사소한 마찰에도 잘 견딘다.
- 위험 요소 : 진짜 문제에 무감각해질 수 있다. 독선적인 사람이 되어 비난받기 쉽다.

2. 말장난

내키지 않는 상대를 무력화시킬 때 빛을 발한다. 가수 프린스는 록 음악 비평가 믹 브라운을 무자비하게 농락했다. 그는 질문이 마음에 안 들면 눈썹을 움찔거리고, '믹 브라운의 무릎에 손을 얹고', 뚱한 표정을 짓고, 먼 곳을 응시하는 등 정말이지 대답만 빼놓고 무엇이든 했다. 믹 브라운은 이 만남을 '유령과 펜싱하기'라고 묘사했다.

"쾌락주의자라고요?" 그는 눈살을 찌푸리더니 웃었다. "몇 년 동안 나는 그 말이 무슨 뜻인지도 몰랐어요."

- 실행 방법 : 그냥 즐겨라.
- 위험 요소 : 엉뚱한 사람에게 굴욕감을 줄 수 있다.

3. 질문에는 질문

못할 것 없지 않은가? 내 시누이 아만다는 팬케이크 뒤집듯 질문을 뒤집는다. 한 사람이 아만다에게 왜 핀란드로 가지 않았느냐고 물었다. 아만다는 웃었다. "사랑스러운 나라지요. 거기서 살아봤나요?"

- 실행 방법 : 당황한 사람과 끈덕진 사람을 놀리는 데 좋다.
- 위험 요소 : 상대의 대답이 마음에 안 들 수도 있다.

4. 질문의 초점바꾸기

질문은 예언과 비슷해 대답의 틀을 미리 잡아놓는다. 그러니 원하는 대답으로 질문의 초점을 바꾸고 위험한 덫은 피해 가라.

질문을 반복하는 것도 이에 해당한다. 질문을 변형시켜 그 안에 더 다루고 싶은 이야기를 집어넣는 것이다. 또는 "그 질문을 해줘서 기뻐요"나 "네, 그게 중요해요. 왜냐하면~" "참 재미있는 질문이군요" 같은 교묘한 말로 진심을 속일 수도 있다. 이런 말 다음에는 질문한 내용과 상관없는 대답을 무례하지 않게 할 수 있다. 립서비스란 서로 주거니 받거니 하는 것이기 때문이다.

유감스럽게도 듣는 사람은 대개 주의 깊게 듣지 않기 때문에 사실처럼 꾸민 미끼를 진짜 사실이라고 생각하고 덥석 물어버린다. 나는 그 이유가 '왜냐하면' 이라는 말 때문이지 않을까 생각한다. 『예스!』라는 책에 따르면 '왜냐하면' 이라는 말을 하면 누군가를 내 권유대로 행동하도록 만들 수 있다고 한다. 즉 "죄송한데 새치기 좀 해도 될까요? 왜냐하면 뭘 좀 사야 하거든요"라고 말하는 경우다.

- 실행 방법 : 무한대로 많다.
- 위험 요소 : 재치 있게 행동해야 한다. 그리고 자신에게 질문한 사람은 안 그러기를 기도하라.

5. 산만하게 하기

질문에 대한 해석은 질문을 받은 사람 마음대로 하면 된다. 그러니 조목조목 자세히 말하기보다는 주제만 말하라. 기자들이 배우들의 사생활을 해부하려고 시도할 때마다 배우들이 반응하는 것처럼 말이다. 배우 케이트 블랜칫은 '대화를 개인적인 것에서 벗어나 추상적인 것으로' 이끌어간다.

어떤 기자는 배우 조셉 파인즈의 가차 없는 저항에 부닥쳤다.

나는 다시 대답해 달라고 말했다. "당신은 쉽게 사랑에 빠지나요?" "나는 여행을 사랑해요. 문화를 사랑하고요." 나는 다른 사람의 영혼으로 쉽게 여

행하느냐고 물었다. (조셉 파인즈는) 웃음기 없는 얼굴로 말했다. "그들에게
물어봐야 할 거예요. 나는 삶을 사랑해요. 나는 사람의 행동에 얼을 빼앗깁
니다. 왜냐하면 그게 나의 일로 되돌아 오니까요……."

- 실행 방법 : 판세가 뒤집어지는 동안에는 서로 협조해야 한다.
- 위험 요소 : 믿지 못할 사람 또는 미치게 하는 사람으로 보일 수 있다.

6. 밀어붙이기

그들이 귀 기울이지 않는가? 그럼 밀어붙여라.

패션 디자이너 비비안 웨스트우드는 방해받지 않고 말하는 고급 기술을 알
고 있다. 그녀는 누가 막 끼어들려는 낌새를 눈치채면 이마를 찌푸리며 시선
을 돌린다. 그러고 나서 믿을 수 없을 만치 부드러운 억양으로 방해받지 않
고 이야기를 이어간다.

앞에서 보여주었듯이 말을 하다가 눈길을 돌리면 다른 사람이 대
화에 끼어들기 힘들게 되고, 이쪽에서 계속 집중해 이야기할 수 있
다. 또는 "잠깐만요" "네, 하지만 제가 말하려고 하는 것은" "아마 제
가 말을 잘못 했나 보네요"라고 말하며 상대의 말을 차단할 수 있다.
물론 상대방이 무슨 말을 하려는지 듣고 싶을 것이다. 그건 잠시 후
이쪽 말이 끝났을 때 들으면 된다.

말의 요점이 특별히 까다롭거나 그에 대해 충분히 길게 이야기했

으면 다른 이야기로 바꾸어도 된다. 기억력은 아주 짧다. 질문한 사람은 질문이 뭐였는지 다시 기억하기 어려울지 모른다. 또는 상대방의 독백이 또다시 길게 이어질까 두려워 다시 그 질문을 할 엄두를 내지 못할지도 모른다.

- 실행 방법 : 방어하는 척하면서 공격하라. 이 전략을 쓰면 최대한 주목을 끌수 있다.
- 위험 요소 : 거만해 보일 수 있다. 비비안 웨스트우드는 기자가 쓴 기사에 좌절감을 느꼈다. "그녀와 함께 일하는 사람들은 그녀의 인간애보다는 존경심 때문에 호의를 보이는 듯하다."

7. 속 빈 대답

작가 더글러스 애덤스는 도저히 이길 수 없는 반격을 가한다.

내가 답을 모르는 질문을 받으면 그 자리에서 답변을 거부한다.

자세한 대답이 이어지지 않는다면 질문은 쏙 꺼져버린다. 영화감독 데이비드 크로넨버그는 어린 시절에 대한 질문을 받았을 때 "아주 평범했어요, 정말로"라는 간단한 핵무기로 공격했다.

- 실행 방법 : 터무니없는 소리는 건너뛰어라.
- 위험 요소 : 진실성을 의심받을 수 있다. 질문하는 사람이 내가 짐작하는 것

보다 더 많이 알 수 있지 않을까?

곤란한 대화 해결법 2_조정

：

충돌을 피할 수 없을 때 참으로 바람직한 방법이다. 사업, 협상, 언쟁에 활용하면 유익하다. 거부감을 없애기 위해 사람에게서 문제점만 분리해 내려고 노력하는 것이 이 작전의 규칙이다.

1. 천천히 가기

한 작가가 가수 다이애나 크롤에게 '암소'라는 별명을 붙여주었다. 그녀의 '신중함'과 대답하기 전에 질문에 대해 심사숙고하는 태도가 '당황스럽게 긴 침묵'으로 이어졌기 때문이다.

그녀의 태도는 자신에게 유리하게 시간을 끌려는 바람직하지 못한 예로 보일 수도 있다. 그러나 토론에서 대화를 천천히 이끌면 예기치 않은 선물을 얻게 된다. 대화에 열기가 오르면 서로 모욕을 주고받는 상황으로 치달을 수 있는데 이를 촉진시키는 움직임을 방해하는 것이다. 이런 에너지를 억제해 심사숙고하고, 요점을 향해 나아가야 한다. 그러면 상대가 속도를 늦춰 생각하고 듣게 될 것이다.

- 실행 방법 : 생각을 더 분명하게 떠보면서 불안정한 분위기를 안정시킬 수 있다.

- 위험 요소 : 말을 억제해 건설적으로 생각하는 것이 아니라 단지 거만하게 행동하기 쉽다.

2. 분석하기

상대의 말을 적극적으로 들으면다음 화제로 옮겨가기 전에 상대의 요점에 동의하며 다시 한 번 언급해주는 것 아무래도 분석하게 되므로 논쟁하면서 격앙된 감정이 가라앉는다. 상대방에게 존중하는 마음을 보이도록 하라. '이해할 수 있도록 도와달라고' 부탁하고 정보를 구하고 확인하고 반복하면서 말이다. 친절하게, 비난하지 말고, 내가 그들의 생각에 비밀리에 관여하지 않는다는 사실을 상대방에게 상기시켜야 한다. 그런 태도가 노골적으로 보일지도 모르지만 꼭 필요한 행동이다. 사람들이 내 생각을 얼마나 침해하는지 알지 못한다면 얼마나 화가 나겠는가. 그렇다고 그들에게 그 사실을 말할 수는 없지 않겠는가.

- 실행 방법 : 화제를 여러 개로 분리해 어려움을 나누어라. 안건을 만들어 내며 목표를 확인하라. 그러면 대화는 투쟁이 아니라 하나의 과정이 된다.
- 위험 요소 : 무늬만 겸손이 될 수 있다.

곤란한 대화 해결법 3_설득
⋮
나는 설득이 좋은 생각이라는 것을 알고 있다. 그들에게 왜 그런지 알게 해주어라.

1. 배경 준비하기

딱딱한 뉴스를 알릴 때는 전할 말의 성격을 알리는 말로 대화를 시작하라. 즉 "유감스럽지만" "할 말이 있는데요"라는 말을 하라. 그리고 잠시 말을 끊어라. 종종 상대방이 문장을 완성하기도 할 것이다.

화제를 어떻게 끄집어내느냐에 따라 반응이 달라질 수 있다. 그러니 슬쩍 돌려서 이렇게 말하라. "내가 무슨 말 하려는지 알지요?" 내가 전하려는 뉴스가 뜻밖의 소식이라 해도, 듣는 사람은 아마 그 소식을 원래 알고 있었다고 생각할 것이다.

- 실행 방법 : 충격을 줄여라.
- 위험 요소 : 서론을 과도하게 늘리는 것. 그러면 상대방을 불안하게 만들 것이다.

2. 어려운 부분 쉽게 만들기

내 남자 친구가 상사와 점심을 먹으러 갔다. 그는 양피지처럼 뻣뻣한 육군 준장처럼 행동하는 저널리스트였다. 커피를 다 마신 뒤 시거에 불을 붙이며 그는 뭐 달리 의논하고 싶은 일이라도 있느냐고 물어왔다. 그렇지 않다고 내 남자 친구가 말했다. 그리고 나와의 관계를 문제 삼았다. 우리는 사내 커플이었다. "오!" 상사가 소리쳤다. 시거의 불티가 지글거렸다. "음, 자네는 잘못한 게 없어. 하지만 그녀는 나가야 할 거야."

믿을 만한 정보에 따르면 그는 장교가 보병과 어울려서는 안 된다고 단언하는 사람이었다. 그런데 내 남자 친구는 나와 사귀는 상황을 문제로 삼는 실수를 저지르고 말았다. 해결책을 말하는 편이 훨씬 더 좋았을 텐데 말이다. 카스틸리오네는 『궁정론Cortegiano』에서 이런 조언을 했다.

솜씨를 발휘해 어려운 부분을 쉽게 만들어라. 그러면 왕이 언제나 승인해줄 것이다.

내 남자 친구 이야기로 돌아가, 그는 한동안 자신의 실수를 후회했다. 그렇지만 독자들이여, 나는 그와 결혼했다.

- 실행 방법 : 사람들은 게을러서 잘 알아차리지 못한다.
- 위험 요소 : 상대가 이런 방법을 쓰면 쉽게 믿게 된다.

3. 간접적으로 접근하기

한 10대 청소년이 경찰과 마약 등에 대해 말하고 싶어 하는 부모에게 간곡히 부탁했다.

잡담처럼 편안하게 이야기를 시작하세요. 제발 의논 좀 하자고 10대를 앉히지 마세요. 부모님 방으로 부르지도 마세요. 그러면 아이들은 자신이 뭘 잘못했다고 생각하고 대화하는 내내 긴장한다고요.

10년간 영국 정부와 아일랜드공화국군IRA 사이를 잇는 첩보 활동을 해온 브렌든 듀디 역시 수많은 타개책이 탁상에서 나오는 것이 아니라 휴식 시간에 '찻잔 너머로' 오가는 대화에서 나왔다고 주장했다. 경호원들이 물러가고 긴장이 풀어졌을 때 말이다. 문제와 거의 관계없는 일에 대해 물어보면서 간접적으로 접근하라. 그러면 그에 대한 생각이 핵심으로 이끌지도 모른다.

우연을 가장하며 불쑥 꺼낸 말을 너무 강조하면 아무도 곧이듣지 않는다. 중요한 것은 말을 꺼내는 타이밍이다. 그런데 대개 그런 순간이 언제 올지 예상할 수 없어서 막상 때가 되어도 몸과 마음이 따로 논다. 아리스토텔레스는 밖에서 걸어다니는 동안에 더 좋은 교훈을 배우게 된다고 믿었다. 엔도르핀은 기분을 상승시킨다. 밖을 자유롭게 돌아다닐 수 있는데도 안에 갇혀 다른 사람의 얼굴과 마주치지 않으려 한다면 관계를 더 깊게 다질 수 없을 것이다.

- 실행 방법 : 평상시대로 행동하라. 그러면 아마 대화가 잘될 것이다. '진지한'은 '어려운'과 동의어가 아니다.
- 위험 요소 : 이해하기 어렵게 말하면 상대방이 나를 대화 밖으로 따돌리려고 할 것이다. 내가 낸 문제와 씨름하느니 나의 책략을 공격하면서 말이다.

4. 게임

방송인 에번 데이비스는 가족에게 자신이 동성애자임을 어떻게 알릴지 골몰하고 있었다. 그러다가 게임 형식으로 접근하기로 했고,

형부터 시작하기로 했다.

"형, 할 말이 있는데 무슨 이야기인지 맞혀 볼래?"

그의 형은 올바르게 추측했다. 그러고는 데이비스에게 부모님에게도 같은 방법으로 말하라고 권했다. 점심 식사를 마친 뒤 데이비스가 갑자기 그 질문을 던졌다. 부모님은 알아맞히지 못했다. 그러자 형이 추측하는 척했다. 그때 그의 동생이 농담 삼아 그 주제를 꺼냈다. 극적인 효과가 감동을 이끌어 내는 법이다.

- 실행 방법 : 대립적인 분위기를 없애려면 폭로라는 방법은 쓰지 마라.
- 위험 요소 : 게임하기에 적절한 상황인지 확인해야 한다.

5. 기회 가리기

상대의 호소를 조심스럽게 방해하면서 무시할 수 있다면 왜 굳이 상대를 공격하겠는가. 과소평가하는 말, 뜻을 축소시키는 말을 사용하라다소, 얼마간, ~같은. 이런 단어는 부정적인 말의 씨앗을 뿌려준다. 그리고 자신의 뜻대로 시나리오를 고쳐 쓰도록 하라"정말로 하루 8시간을 아무것도 하지 않고 흙 위에서 보내고 싶다는 거야?" 바다로 휴가를 가자는 말에 내가 썼던 말이다. 음울하고 효과적인 이유를 대서 몽상을 고쳐시켜라"우리가 이걸 하면, 이렇고 저렇고 이러저러하고, 그다음에 이러이러해서 저러저러해지고, 결국 이러쿵저러쿵……". 더 많은 비법을 알고 싶다면 내가 사춘기였을 때 부모님이 어떻게 말했는지 떠올려 보아라.

- 실행 방법 : 객관적인 방법으로 반대하라.
- 위험 요소 : 상대방은 자신의 허튼 생각에 너무나 얽매여 있어서 그 공격을 개인적으로 받아들인다. 그러나 이런 생각은 없애야 한다.

6. 세세한 부분에 초점 맞추기

상아색 드레스를 입은 소녀가 슬라이드 치즈처럼 보일 때 어떻게 말하겠는가? 말하지 않는 것이 좋다. 대신 목이 깊이 팬 장밋빛 옷이 소녀의 사슴 같은 목을 돋보이게 한다고 말하라. 이런 사소한 관심은 아기와 사업가, 덩치 큰 오페라 가수에게 효과가 있다.

그러니 세세한 부분까지 모두 챙기고, 각각의 암시가 직접적이거나 날카롭지 않게 조심하도록 한다. 이의 제기가 잠재된 말에는 익살을 떨어야 한다. 당신의 달콤한 말 때문에 당뇨병 환자가 의식불명이 되었다면서 말이다. 자신의 매력이 가장 큰 환각을 불러일으키는 법이다. 실제로 나는 재능 없는 여자가 사람들에게 멋지다고 말하는 비상한 수완으로 유성처럼 출세 가도를 달리는 것을 보았다.

- 실행 방법 : 서비스 제공을 가장해 자신이 원하는 것을 얻어라.
- 위험 요소 : 소모적이고 불신이 지속될 수 있다.

7. 왜냐하면

일이 내 쪽으로 진행되지 않는가? 나의 위치를 끌어올리려면 감정의 지렛대를 이용하라. 울고 끙끙대는 행동은 집어치워라. 이런 행동은 거의 공갈협박에 가깝고 자칫하면 상대방을 다루기 어렵게 만들기까지 한다. 그 대신 상대가 내 주장에 대해 긍정적인 언쟁을 하게 만들어 감정을 이용할 수 있도록 하라. "나는 정말 열심히 하고 있어요. 왜냐하면~."

- 실행 방법 : 그들을 공감으로 이끌어라.
- 위험 요소 : 생각이 없거나 변덕스럽거나 실성한 사람으로 보일 수 있다.

듣는 사람의 관점에서 대화를 재구성하라

설득에서 고려해야 할 점은 균형 있는 관점을 제공하는 것이 아니라 사람들을 내 편으로 끌어들이는 것이다. 그러기 위해서 중요한 것은 내가 나타내고 싶은 사실을 그림에 끼워 넣고, 어떻게 듣는 사람의 관점에 맞게 그림의 틀을 잡느냐 하는 것이다. 그런데 이는 하나의 과정이며 각각의 단계는 듣는 사람을 내 쪽으로 끌어들이도록 계획해야 한다.

17세기 토머스 스프랫은 영국의 첫 번째 과학학회 '로열 소사이어티Royal Society'가 명성을 얻기 위해 부유하고 영향력 있는 상인들과 함께 어떻게 언어를 정화시켰는지 설명했다이전의 과학은 프랜시스 베이컨처럼 허풍 떠는 박식가들을 위한 영역이었다.

회원들은 친근하고 꾸밈없고 자연스럽게 말하는 방식과 긍정적인 표현, 명확한 판단력, 타고난 듯 꾸밈없고 편안한 태도를 갖추기 위해 자신들이 쓰던 단어를 더 이상 쓰지 않았다. 그리고 모든 단어를 되도록 수학적 명료함에 가깝게 이끌었다.

이 학회의 학식 있는 회원들은 말이 어떻게 마음을 열고 관문도 열게 되는지, 철저한 현대적 사고방식으로 인식하고 있었다. 인질 협상 전문가 미첼 해머에 따르면 신뢰를 약속하는 것은 충성심과 동등하다.

다양한 연구 결과에 따르면 사람들이 상대를 믿는다고 말하면 상대에 대해 덜 비판적이고, 정보를 더 요구하지 않으며, 자신의 관점을 더 많이 나누고, 유리하게 해석한다고 한다.

말이란 믿음을 향한 마법의 주문이 될 수도 있다. 분위기가 어떻게 그렇게 되었는지 듣는 사람에게 알리지 않고 나에게 협조하는 기분이 들도록 유도하는 것이다. 사업가가 의뢰인에게 부채 감소에 대한 전략을 말할 때는 '우리의' 전략이라고 말한다. 비슷한 예로 경찰 협상 전문가들은 과거 시제 대신 현재 시제를 쓰고, 이미 협조적인 관계가 되었다는 것을 말에 함축해 긴박감을 높인다.

저것 → 이것

저것들 → 이것들

나의 → 우리의

거기 → 여기

나는 → 우리는

'우리가 함께 이 안에 있다' 는 표현의 숨은 메시지는 잠재의식 속에 울려 퍼지고 순간을 함께 나눈다는 생각을 끌어내 어떤 대화에서든 유쾌한 기분을 불러일으킨다. 그리고 말이 긍정적일수록 효과는 더 좋아진다. 그러니 '네' 라고 대답할 기회를 잡기 위해 상황을 잘 파악해야 한다. 그런데 위압적인 모습은 보이지 말아야 한다. 그러면 의사를 묻는 것이 아니라 결정을 내리는 것 같다. 차라리 상대방이 고개를 끄덕일 수 있는 말을 찾아라. 그러면 상대로부터 동의를 이끌어내는 패턴을 확립하기 시작할 것이다.

감정은 논리를 따지지 않는다

상대방이 필요로 하는 것에서부터 말을 꺼내야 한다. 그리고 그 말을 반복하라. "그래서 새 차를 원한다는 말이죠?" 라는 말로 첫 번째 신발을 샀는데 얼룩져 있거나, 샐러드를 먹다가 고무줄을 씹었거나, 비행기 여행 중 난기류를 만나 새벽 3시에 로테르담에 좌초되었다면 직원에게 분노를 쏟을 필요가 있을까? 그 사람이 나를 도와줄 수 있는 유일한 사람인데도 말이다. 다음 과정을 단계적으로 시도해 보자.

① **상대방이 문제를 정의하도록 하기** : 나의 딜레마를 표시하되 상대방이 그것을 정의하도록 하라. 그러면 내가 문제의 소유권을 갖게 된다.

ex. "집에 가서 박스를 열어보고 알았어요", "우리는 곤경에 빠졌어요."

"샐러드에서 뭐가 나왔는지 보라고요"

② **질문하되 지시하지 말기** : 그가 나의 날카로운 발언을 비판했는가? 아니면 그는 머리가 잘 안 돌아가는 사람인가? 일하기 싫어하는가? 그래도 협조적인 태도를 얻어내기 위해 내가 생각하는, 그가 도와야 할 일을 말해야 한다. 이때 질문은 하되 지시하지는 말아야 한다.

ex. "내 계좌로 즉시 환불받을 수 있을까요?", "혹시 다른 수수료가 있나요?"

"유감이네요. 정말 이 샐러드를 맛있게 먹고 있었는데. 대신 푸딩을 공짜로 주셔도 될 것 같네요."

③ **기분 좋아지게 만들기** : 진척이 없는가? 강력하되 호의적인 말을 해보자. 그리고 내가 막대기를 올리자마자 당근이 매달려 있게 해야 한다.

그는 최소한도 내에서만 자신의 일을 하고 있었을지 모른다. 그렇지만 그가 나를 도움으로써 기분 좋아지도록 행동하라. 그것이 개인적으로 대단한 호의인 듯 행동하라. 그는 아마 내가 암시한 의무에 굴복할지도 모른다.

ex. "과거에는 이런 방법이 괜찮았어요. ~하면 큰 도움이 될 거예요."

"제 요구사항이 어떻게 진행되는지 꼭 알려 주세요."

"시간을 내주셔서 (필기구를 빌려주셔서) 정말 감사합니다."

④ **상대방의 이익에 초점 맞추기** : 그는 내가 비행기 시간에 너무 늦게 도착했다는 뜻을 내비치며 나를 비난하고 있다. 그렇다면 그가 내 문제를 풀면 그에게 얼마나 이익이 될지에 초점을 맞추면서 가볍게 내 주장을 해보자. 그리고 조언을 구하라.

ex. "불편하게 해서 미안합니다. 그 방침이 당신에게 맞지 않다는 것을 알았어요. 우리가 어떻게 하면 당신을 방해하지 않을 수 있을까요?"

⑤ **목표는 문제가 해결되는 것** : 터무니없는 변명 따위는 비석에나 써라. 그의 처지가 어떤지 '이해할 수 있게 설명해 달라'고 문자로 써서 그에게 반복 설명을 부탁하라. 철자법에 주의하고 구두점을 확인하라. 불만 신고서를 달라고 해서 그의 도움을 받아 채워 넣어라. 나의 목표는 건의가 거부되지 않고 내 마음에 흡족하도록 문제가 해결되는 일이다. 계속해서 불평을 말하라. 이가 아플 때까지 악물어라.

⑥ **당신이 받은 상처 내비치기** : 노골적인 비난이 있을 것이다. 내가 고의로 그 운동화를 신고 브레이크댄싱을 하러 갔다거나, 일부러 500유로짜리 고급 와인 생테밀리옹을 주문했다면서 말이다. 이는 서비스 산업 규약을 위반하는 고가의 경품 선물이 된다. 즉 고객은 항상 선량하다. 내가 얼마나 상처받았는지 보여주도록 하라.

ex. "지금 고객한테 거짓말쟁이라고 말하는 건가요?"

⑦ **울어라**

'네'를 획득하게 된다. 모든 문장에 가능성이 있도록 "우리 이렇게 해서" "우리는 이럴 수도 있어요" "이러면 그게 될까요?"라고 말하라. 반대로 책임을 회피하거나 상황을 얕잡아보려면 거리를 두는 말을 사용해야 한다.

자신의 영향력을 유지하려면 영향력을 아껴 써야 한다. 마법사 머린은 자신의 예언 능력으로 왕의 시선을 끌었다. 그러나 연대기 작가 몬머스의 제프리에 따르면, 막상 왕이 재미 삼아 미래를 보여달라고 부탁하자 머린이 거절했다고 한다.

그런 수수께끼는 쉽게 드러내면 안 됩니다. …정말 긴급하게 필요할 때만

보여드릴 수 있습니다. 제가 그냥 재미 삼아 그것을 말하게 된다면, …그다음에는 저를 조절하는 혼령이 꼭 필요한 순간에 저를 버릴 것입니다.

상황이 어떻든지 간에 내가 말하는 것보다 듣는 사람이 나에 대해 어떻게 느끼느냐가 더 중요하다. 대화도 시처럼 독자를 납득시키는 것이 아니라 감정을 불러일으킴으로써 작용하기 때문이다. 감정은 매번 이치를 따지지 않는다. 심리학자 드루 웨스턴의 실험에 따르면 자신이 좋아하는 정치가 때문에 저급한 언쟁을 벌이는 열성 지지자의 뇌는 '불쾌한 감정이 표출되지 않도록' 비상한 노력을 한다고 한다.

감정 상태 조절을 담당하는 신경 회로는 믿음을 회복시켜 걱정과 갈등을 제거하는 것으로 보인다. …그리고 여기에는 보통 이성에 연관된 신경 회로가 거의 개입하지 않는 듯하다.

불합리해 보이는가? 그럴지도 모른다. 반면에 열정이 없다면 우리가 윤리적일 수 있을까? 기분이란 우리의 행위 가치에 대한 궁극적인 판단이지 논리를 찍어대는 칼날이 아니다. 그리고 우리는 모두 생각하기 전에 느끼기 때문에 믿음을 통해 얻은 기분이 생각을 조종하는 것은 어쩔 수 없는 일이다. 이야기를 듣고 싶은 대상으로부터 듣고 싶은 이야기를 듣는 것이 세상에서 가장 설득력 있는 논쟁이라고 말하는 이유가 여기에 있다.

그러니 상대방의 마음을 바꾸려 하지 말고 그 안에 있는 것을 이용해야 한다. 그 사람이 무엇을 좋아하는지 알아내라. 그의 얼굴에 초점을 맞추고, 기분을 읽고, 목소리에 담긴 메시지를 들어라. 그리고 웃어라. 전화로 말할 때조차도 말이다근육은 목소리의 음색을 바꾼다. 상대방 입장이 되고, 그의 관심사에 대해 이야기하라. 그러면 그는 더 쉽게 당신과 같은 편에 서게 될 것이다. 콘베르사레Conversare, 종종 방향을 바꾸는 것-옮긴이. 즉 자주 둘러봐라. 내가 상대방을 변화시킬 수 있다면 누가 언쟁을 하려 들겠는가?

만물박사

만물박사는 무엇을 할지 묻자마자 그것을 어떻게 더 잘할지에 대한 설명까지 덧붙인다. 야단스럽게 닦고 빛낸 정신에는 감성이 결핍돼 있을 수 있다. 낮은 소리로 대화를 주고받아야 하는 호텔 식당에서도 아마추어 요리 비평가의 비평이 줄줄이 꼬치를 꿴다. "이건 맛있군." "이건 맛이 없군." "이 정도면 좋기는 한데 아주 좋은 건 아니군." 한입 먹을 때마다 다른 소리가 반복된다.

나는 저녁 식사 자리에서 전형적인 만물박사를 만난 적이 있다. 그는 대화 주제가 옮겨갈 때마다 각각의 주제에 대해 자신의 깊은 지식을 자랑했다. 그리고 미덥지 않은 부분이 나올 때마다 주저 없이 명확하게 정리하고 넘어갔다. 일찌감치 저녁 식사를 끝내며 한 접시만으로 그가 자랑스럽게 말했다. "최근 나눴던 최고의 대화는 완전 낯선 사람들과의 대화였어요. 우습지 않나요?" 나는 그 남자의 친구를 상상해 보았다. 모두 낯선 사람일 것이며 다들 성격이 좋을 것이다.

폭탄 분석

— 이런 사람들이 점점 많아지고 있는 듯하다. 그들은 전문 용어 안에서 바리케이드를 치고 높은 지식의 연단에서 내려다보고 있지만 실은 빈약한 본체

를 감추고 있다. 어쩌면 그들은 상대를 내려다보는 태도를 취하려는 것이 아닐지도 모른다. 오히려 똑똑한 사람인지도 모른다. 그러나 같이 어울리기엔 너무 어리석다. 그들은 자신과 똑같은 사람을 만나는 위협적인 모임은 어김없이 피해 다닌다. 어느 의사의 장례식장에서 동료 의사들이 유족들에게 다가갔다. 그리고 뭔가 대화를 시도하다가 그가 어떻게 죽게 되었는지 정확하고 상세하게 아주 분석적으로 설명했다. 이는 참으로 최악의 경우라 할 수 있다.

대응 전략
—　　　만물박사는 쉽게 우쭐해진다. 그리고 쉽게 질문에 이끌린다. 그가 내게 호의를 가지고 있다면 농담 삼아 '알바니아 도살장이 제한되어 있다'는 식의 엉뚱한 주제에 관심이 있다고 말해도 될지 모른다. 그런데 그가 내게 호의를 가진 것이 아니라면 농담을 하지 않는 것이 좋다.

추가로 알아둘 점
—　　　배움의 기회가 될 수도 있다. 아마도.

최소한의 노력으로 최대한의 효과를 얻으려면
욕을 하거나 혹평을 해서는 안 된다.
대신 상대를 당황하게 만들고 어리둥절하게 만들며,
상대의 안전지대 밖에 싸움터를 마련해야 한다.

14장에서 우리는

- 살면서 '이런 모욕감을 계속 참아야 할까?' 생각하는 순간이 있다. 제대로 된 한방이 필요할 때, 말싸움에서 우
  위를 차지하는 방법을 배우게 될 것이다.
- **Tip** : 잘못을 시인하기가 어려울 때를 위한 '오해받지 않는 사과법'이 제시되어 있다.

입 좀 다물어 줄래요?
말싸움에서 우위를 차지하는 방법

누군가가 자신을 몹시 괴롭힐 때 그에게 욕을 하는 것이 당장에는 충만감을 줄지도 모른다. 그렇지만 이는 아이에게 욕을 하거나 아이를 때리는 것처럼 결국에는 지는 게임이다. 이보다는 극작가 앨런 베닛의 방법이 훨씬 더 영리하다.

나는 표현의 자유에 지극히 찬성한다. 자유가 엄격하게 억제되었다는 가정 하에 말이다.

언어에는 반격의 기술이 있다. 바른 말대꾸는 영광을 주지만 그릇된 말대꾸는 모욕을 준다. 잔인한 행동이 자신을 돋보이게 한다면, 그런 행동을 감수할 수 없다고 시인하면 위신을 깎아먹게 된다. 가장 좋은 방법은 그 위로 솟아오르는 것이다. 날아오를 수 있는 소년'으로 알려진 볼쇼이 발레단의 섬세한 발레리노 이반 바실리예프처럼 말이다. 그는 날마다 키를 쟀다고 고백했다.

키가 작다는 콤플렉스가 있었기 때문이에요! 볼쇼이 발레단에는 키 큰 사람이 많았어요. 그렇다 보니 그들이 늘 내 키가 작다고 말했죠.

그가 자신을 놀린 사람들에게 주먹을 휘둘렀을까?

아뇨. 나는 단지 그들이 결코 할 수 없는 일을 할 뿐이에요.

날아오르는 것이 무리라면 날카롭기보다는 세련된 말대꾸로 대응해 보자. 말이 무기가 되면 적을 직접 대면하는 수고를 덜게 된다. 고대 아라비아에서는 이런 방법으로 목숨을 구하기도 했다. 양측 부족은 전투 속으로 폭풍처럼 돌격하기 전 칼을 곧추세우고 대치하는 가운데 풍자시 작가를 내보냈다. 그러고는 시적 운치를 담은 말장난을 겨루었다. 이런 말 겨루기가 부족의 사기를 올리기도 했지만 종종 말장난에서 진 쪽은 더 큰 싸움 없이 꽁무니를 빼기도 했다.

이와 마찬가지로 훌륭한 대꾸는 상대의 입을 막아버린다. 나는 정치가 윌리엄 헤이그의 날카로운 힐에 찔려 봐서 안다. 내가 연합신문사에 있을 때였다. 엘리베이터를 기다리면서 중앙 홀을 내려다보다가 이 젊은 정치가의 반짝이는 머리를 발견했다. 노동당이 막 세력을 잡았던 1997년이었다. 윌리엄 헤이그는 보수당인 토리당 당수가 되기를 열망했고, 내 생각에는 마침내 그가 〈데일리 메일Daily Mail〉의 영향력 있는 편집자에게 간청하러 온 것 같았다.

윌리엄 헤이그가 앉아 있는 모습에서 애처로움이 느껴졌다. 수행원도 없이 혼자 긴 의자에 앉아 있는 모습이 공원에서 비둘기를 바라보는 괴팍한 영감처럼 보이기도 했고, 매질을 기다리는 비뚤어진 남학생 같아 보이기도 했다.

마침내 엘리베이터가 도착했고 기자들이 가득 타고 있었다. 나는 엘리베이터에서 내린 내 친구 빈스에게 말했다. "윌리엄 헤이그가 저기 혼자 앉아 있어. 애처로워 보여!" 빈스는 눈이 휘둥그레지며 달아났다. 나는 의아해하며 엘리베이터를 탔다. 그때 엘리베이터 안에서 귀에 익은 목소리가 들렸다. 윌리엄 헤이그의 목소리였다. "이제는 혼자가 아니에요." 그의 말에 나는 웃었다. 혼자만.

당신의 반격이 윌리엄 헤이그의 날카로운 기세에 도달할지는 장담할 수 없다. 그러나 약간만 노력하면 쿵후처럼 날아오는 독설에 시동을 걸 수 있고, '계단의 재치esprit d'escalier : 일이 지난 다음에 그때 했으면 좋았을 재치 있는 말을 떠올리는 것—옮긴이'를 막을 수 있을 것이다. 이것은 전쟁이다. 그리고 그 시작에는 대화에 필요한 규칙이 존재한다.

훌륭한 반격은 상대의 입을 막는다
:

스페인 속담에 이런 말이 있다. '모욕을 받으면 잘 되갚거나 잘 견뎌

효과적인 비난 기법

역사 속에서도 격렬한 비난을 찾아볼 수 있다. 여기 영감을 줄 만한 기법을 엄선해 놓았다.

① 깎아내리기

- 당신 오페라가 마음에 들었소. 내가 그 오페라를 음악으로 만들 수 있을 거라고 생각하오. (베토벤이 다른 작곡가에게)

- 내가 가고 나면 내 말을 전혀 듣지 않은 것을 미안하게 생각하게 될 것이오. (작가 시드니 스미스가 말 많은 역사가 토머스 배빙턴 매콜리에게)

- 그는 방갈로 마인드(bungalow mind, 우드로 윌슨이 지은 말로, 머리가 없다는 뜻. 단순하고 아는 것이 별로 없는 사람을 가리키는 말—옮긴이)를 가지고 있다. (정치가 우드로 윌슨이 정치가 워런 하딩에 대해)

- 섹스는 제가 해야 할 일 목록에서 절대 상위권에 있지 않아요. (모델 진 슈림턴이 사진작가 데이비드 베일리와의 관계를 질문받았을 때)

- 그는 벌충할 수 있는 결점이 단 하나도 없다. (디즈레일리가 완고한 라이벌 정치가 윌리엄 글래드스턴의 장점을 약점으로 바꾸며)

② 반격

- 윈스턴 처칠과 동료 정치가 낸시 애스터의 싸움은 유명하다. 다들 안다고 해도 반복할 가치가 있다.

애스터 : 윈스턴, 당신 취했군요. 끔찍하게 취했어요.

처칠 : 그러는 낸시 여사는 못생겼구려. 끔찍하게 못생겼소. 하지만 나는 아침이 되면 술이 깬다오.

애스터 : 내가 당신 부인이라면 당신 커피에 독을 넣겠어요.

처칠 : 내가 당신 남편이라면 독이 든 그 커피를 마셔버리겠소.

• 극작가 클레어 부스 루스가 작가 도로시 파커에게 문에 먼저 들어가도
  록 양보하며

클레어 부스 루스 : 미인보다 노인이 우선이죠.

도로시 파커 : 그리고 돼지보다는 진주가 우선이죠.

• 엘리자베스 1세가 무례함으로 잠시 추방되었다가 다시 궁궐로 돌아온
  어릿광대 페이스를 반기며

엘리자베스 1세 : 어서 오너라, 페이스. 우리의 잘못에 대해 더 많이 들
  려주려무나.

페이스 : 아닙니다, 폐하. 저는 온 천하가 떠들어대는 이야기는 결코 하
  지 않습니다.

• 그러나 아마도 가장 대담하고 가장 확실한 교훈을 준 반격은, 19세기
  스코틀랜드 학자 존 스코투스가 샤를마뉴 황제 맞은편에 앉아 식사할
  때 일어난 것이다.

샤를마뉴 황제 : 소툼(sottum)과 스코툼(Scottum) 사이('바보와 스코틀
  랜드 사람 사이'라는 뜻)에는 뭐가 있지?

존 스코투스 : 이 탁자 폭만큼의 공간이 있습니다, 폐하.

야 한다.' 그렇지 않으면 끝내 바보가 되고 말 것이다.

노골적인 공격이 아니라면 처음에는 무시하는 것이 좋다. 그래도 공격이 지속되면 고의로 그렇게 무례하게 구는지 확인하라. 그에게 진심인지 물어보면 된다. 그의 말 때문에 기분이 언짢아진다고 말해도 된다. 그러면 그가 입을 다물지 모른다. 그러나 끈덕지게 입을 놀리거나 괴롭히면 싸울 준비를 하라. 목표는 두 마리 토끼를 잡는 것이다. 즉 그를 조용히 시키면서 도덕적 우위를 유지해야 한다.

이제 어떻게 하면 좋을지 생각하라. 상대의 비방을 욕설로 되받아치고 가장 저급한 언어적 기술로 싸움을 걸면 상대에게 도덕적 우위를 양보해야 될지도 모른다. 그뿐 아니라 상대편 역시 너무나 쉽게 같은 방법으로 응수할지 모른다.

적이 스스로 지치게 하라

⋮

최소한의 노력으로 최대한의 효과를 얻으려면 욕을 하거나 혹평을 해서는 안 된다. 대신 상대를 당황하게 만들고 어리둥절하게 만들며, 상대의 안전지대 밖에 싸움터를 마련해야 한다. 그리고 상대의 공격 방식 자체를 공격하라. 내가 더 예의 바르고 지혜롭거나, 상대가 표적으로 삼은 초점을 바꿀 수 있다면되도록 상대에게로 상대편이 균형을 잃게 만들 수 있다. 그리고 자신의 공격으로 도리어 그 자신이 어리석어 보인다면 그의 공격은 단지 자신에게만 상처를 주게 된다.

여기 어려움을 극복하는 20가지 전략이 있다.

누구에게나 통하는 20가지 반격의 전략
⋮

1. 아무것도 하지 않기

중국에서 신성시되는 '36계'의 네 번째 병법은 '적이 스스로를 고갈시키는 동안 쉬어라'이다. 이 방법을 통해 최고의 자부심과 강인함을 느낄 수 있다. 팔짱을 끼고 웃어라.

2. 웃기

3. 똑같은 말 반복하기

공격자가 상대의 공격을 방어할 수밖에 없도록 도전장을 내밀어라. 똑같은 말만 반복하면 된다. "바보!" "바보?"

4. 인정해 버리기

공격을 기꺼이 받아들인다면 공격을 물리치는 일에 에너지를 소비할 필요가 없지 않겠는가? 노여움을 모두 삼켜버릴 수는 없는가? 그런 다음 행복을 함께 나누어라.

A : "오히려 제가 기쁩니다." 또는 "정말 친절하시군요."

B : 알아요. 우리는 공통점이 많군요.

5. 말꼬리 잡기

공격 내용보다는 차라리 공격자가 비평할 때 쓴 어휘를 걸고 넘어져라. 영국 여왕 엘리자베스 1세는 상황에 따라 말을 받아넘기는 능력이 탁월했다. 노쇠해진 여왕은 죽음이 다가오자 침실 쿠션 더미에 축 늘어져 구운 생선처럼 멍하니 앞을 바라보고 있었다. 궁정인 로버트 세실이 걱정스러워 용기를 내어 말했다.

신하 : 전하, 사람들을 안심시키려면 침대에 드셔야 합니다.

엘리자베스 1세 : 소인배 같으니. 군주는 '해야 한다'는 말에 익숙지 않다오.

6. 거부하기

그들에게 부담을 줘라. "한번 증명해 보세요."

7. 딴청피우기

혼란스러운 척하면서 문제의 초점을 다시 맞춰라. 또는 조금 선심 쓰는 체하라.

"누군가 당신을 화나게 했나요? 누군지 알려줘요."

"스스로를 낮추지 말아요." "부인에 대해 그렇게 말하면 못써요."

"조심해요, 누가 비꼬아서 받아들일지도 몰라요." "안됐군요!"

8. 똑같은 표현으로 받아치기

이 기법은 상대방의 말을 '거울로 반사' 하는 거라고 설명할 수 있다. 나는 이 방법을 코미디언 그리프 라이스존스에게 바친다. 사람들이 늘 그를 다른 사람으로 알아봤기 때문이다. 그는 휴 로리나 휴 그랜트로 오인된 적도 아주 많았다. 한 번은 휴 그랜트가 그에게 요즘은 뭐 하고 지내느냐고 물었다. 그리프 라이스존스는 몇 시간 뒤에야 재치 있는 답변을 생각해 내고는 후회했다. "글쎄, 내가 자네 노릇까지 해야 하니 좀 바쁘지 않겠나!" 한 술 더 떠서 훨씬 강력하고 직접적인 반전을 시도할 수도 있었다. "그건 휴 그랜트 '자네' 가 뭐 하고 지내느냐는 질문이나 다름없네." 이 전략은 교묘하게 빈정거리는 말을 무디게 하는 데 아주 효과적이다.

A : 음, 당신이 여기 있다니 정말 특별한 모임이군요!

반격 : 아뇨, 특별한 모임이 된 건 당신 덕분이죠!

9. 친절 보여주기

화는 격분을 키운다. 그러니 화를 없애라. 즉 독설을 친절함으로 억눌러라. 최근 하우스 파티에 갔었다. 몇 년 만의 밤샘이었다. 화장실에서 줄을 서 있는데 어떤 남자가 화난 눈으로 나를 노려보았다. 나는 정말로 고분고분한 태도로 말했다.

나 : 이런 심야 하우스 파티는 정말 오랜만이에요. 꼭 10대가 된 것 같아요!

남자 : 무슨 뜻이죠?

나 : 뭐, 어려진 것 같다고요. 멋지죠, 안 그래요?

남자 : 정말 놀라울 정도로 오만한 태도군요.

그는 고함을 치며 성큼성큼 걸어갔다. 나중에 어쩌다 보니 댄스홀에서 그 남자 옆에 서게 되었다. 그는 어떤 여자 귀에 대고 장황하게 지껄이고 있었다. '무의미한' 그리고 '절망적인'이라는 단어가 들려왔다. 나는 상냥하게 물었다.

나 : 무슨 일이에요?

남자 : 이거요, 이 모든 거. 온통 가짜예요!

나 : 아, 끔찍하군요. 왜 참고 있죠? 그러지 말고 집으로 가요, 지금.

남자 : 당신이 절대적으로 옳아요.

그가 밝게 웃었다. 그리고 끔찍하게도 내게 같이 나가자고 했다.

10. 약점 뒤바꾸기

조롱을 뒤집을 수 있는가? 그리고 상대가 근거 없이 주장하는 나의 약점에서 오히려 유리한 점을 찾을 수 있는가? 어느 나이 든 정치가가 젊은 정치가에게 공격을 받았다. 그의 오랜 활동과 성긴 머리카락에 대한 공격이었다. 나이 든 정치가는 그에 대한 대답으로 그가 가진 '유리한 경험'을 부당하게 이용하지 않겠다고 약속했다. 그리고 지혜롭게 젊은 애송이를 앞질렀다.

11. 따끔하게 되묻기

훈계의 끝이 날카로운가? 놀리는 듯한 말로 그 끝을 무디게 하라.
"당신이 나를 고쳐주지 못할까 봐 걱정이에요." 17세기에 생활이 넉
넉해 놀러 다니는 것을 일삼았던 유한마담은 그녀의 구혼자가 필립 2
세의 행동에 대해 통렬히 비난하자 이렇게 물음으로써 그 비난을 끝
내버렸다. "당신은 왜 아침부터 밤까지 종일 현명하게 굴려는 거죠?"

12. 반어적인 칭찬 하기

공격하는 사람의 사소한 면과 그와 관계없는 면을 칭송하는 것이다.
이렇게 하면 그의 죄가 심상치 않다는 사실을 강조하게 된다. 또는
적어도 그를 쩔쩔매게 만들 수 있다. 이렇게 말하라. "저 색이 당신
에게 어울려요." "치아가 멋지네요." "조금도 나이 들어 보이지 않아
요." "피부가 흙빛이어야 당신이 섹시하다고 누가 말했죠?"

　나는 의견이 뚜렷한 사람을 존경한다고 말하고 그가 얼마나 우아
하게 욕설을 내뱉는지 말해주어라. 또는 그에게 고마워하라. "당신
에게 문제가 있다는 것을 내가 알게 해준 점, 그리고 그렇게 상세한
설명을 해준 점, 참 사려 깊군요."

13. 그 순간을 벗어나기

불길한 질문을 던져라. "당신이 이 대화를 어떻게 기억할지 궁금하군

요." "지금 기분이 좋은가요? 잊지 말아요, 기분은 바뀐다는 것을요."
고함치는 사람을 멈추려면 이런 식으로 말해보자. "내가 무슨 생각을
하는지 알아요? 당신은 그렇지 않아서 다행이에요. 그건 아주 무례
한 일이거든요."

14. 비웃는 사람 비웃기

누군가가 노골적으로 말한다면 이쪽에서 더 대담해질 필요가 있다.
"날도 좋지 않은데 당신을 만나야 한다니 참 기분이 좋지 않군요."

15. 공격을 계속하라고 말하기

나를 공격한 사람이 오히려 내게 즐거움을 주고 있으니 계속하라고
말한다면 그가 친절하게도 입을 닫을 것이다. 『오만과 편견Pride and
Prejudice』에서 음악적 소질이 없는 딸 메리가 피아노 앞에 앉아 있을
때 미스터 베넷이 한 것처럼.

16. 대가 보여주기(강한 사람을 위한 전략)

상대방의 태도가 어떤 대가를 치를지 보여주면서 결론을 이끌어라.
영화사 워너브라더스의 간부 데이비드 게펜이 새 영화 〈무법자 조시
웰즈The Outlaw Josey Wales〉의 스튜디오 상영이 끝나자 클린트 이스트우
드에게 갔다.

데이비드 게펜 : 한 가지만 제안하고 싶어요. 영화가 20분만 더 짧으면 훨씬 나

을 것 같아요.

클린트 이스트우드 : 영화를 보러 와주어서 감사하오. 그리고 비평도 고맙소. 하
지만 이 영화를 좀 더 살펴보고 다른 의견이 있는지 보는
게 어떻겠소? 그게 끝나면 내게 전화하시오. 영화사 파라
마운트 전화번호로.

데이비드 게펜 : 왜 파라마운트로 연락해야 하죠?

클린트 이스트우드 : 내가 거기서 다음 영화를 만들 예정이기 때문이오.

데이비드 게펜 : 영화는 완벽해요. 한 장면도 바꾸고 싶지 않아요. 정말 감사합
니다.

클린트 이스트우드 : 고맙소.

17. 풍자하기

노골적인 풍자보다는 함축적인 풍자로 부분 공격을 하라. 다음과 같
이 물어보는 것이다.

"당신은 머리 모양을 늘 그렇게 하나요?", "당신이 그 의상을 계획했나요?"
"당신을 치료한 치과의사는 솜씨가 좋지 않나 봐요?"

18. 아이처럼 굴기

아이처럼 굴어라. 철없는 비평은 그 비평을 코미디 수준으로 만들기
때문에 흥분을 완전히 가라앉힌다. 공격한 사람을 낄낄거리게 만들
수도 있다. 상대방의 반응이 좋지 않다면 그는 유머는커녕 아이보다

더 유치한 모습을 보일 것이다. 그러니 이렇게 말하라 "어! 당신이 한 일을 일러바칠래요." 알쏭달쏭한 직유법과 은유법은 정말로 말문을 막아버린다. 상대방을 작고 가냘프고 껴안아주고 싶은 무언가로 부르거나, 상대방의 기분을 의인화하거나 얼간이 같은 질문을 하라. 이것도 꽤나 효과적이다.

"당신이 감정적일 때는 (삶은 장화 / 감전돼서 죽은 젤리 / 산골짜기의 덜떨어진 녀석) 같아 보여요."

"좋아, (다람쥐야 / 코알라야 / 병아리 날개야 / 꽃잎아 / 생쥐야 / 엄지 요정아.)"

"미안해요, (울적 부인 / 미스터 불평 / 까탈 교수님) 뭐가 문제 있어 보이나요?"

"자비심을 보여주세요. (노여움 박사님 / 울화통 여사)"

"당신 뇌가 꾸불꾸불한가요?" 상대방이 발끈한다면 조롱을 담은 악담을 분출시켜라. "당신이 엄청나게 큰 고슴도치를 낳게 해주소서."

* (   )안의 말은 얼마든지 응용할 수 있다.

19. 때린 사람 때리기(단, 신체적 폭력이 아님)

비난을 야유로 되받아쳐라. 단, 조심스럽게 사용하도록.

"아주 잘하는 정신과를 소개해 줄 수 있는데요." ➡ "당신 때문에 그 의사가 계속 바쁜가 봐요?"

"당신 성격은 구제불능이군요." ➡ "당신 성격은 위독하군요."

"당신이 외모보다 좋은 사람인 건 확실해요." ➡ "당신은 확실히 어두운 데서 예뻐 보여요."

"당신 마음을 나랑 나누고 싶은 건가요? 나눠줄 게 있겠어요?" ➡ "당신보다
더 운이 나쁜 사람들에게 나눠주고 싶은데요."

20. 들어도 마땅한 비난

소설가 킹즐리 에이미스에 따르면, 마거릿 공주는 '대화를 나누다가
상대방이 공주에게 동의하지 않으면 사람들에게 자신의 신분을 일
깨워주곤 했다'고 한다. 참으로 슬픈 일이다. 지위를 악용해 명령에
따르도록 강요하는 것은 대화를 기피하게 만드는 가장 비겁한 모습
이다. "내가 누구인지 알아요?"라는 질문을 받는다면 이렇게 호들갑
을 떨어라.

"엘비스 프레슬리?", "기억력에 문제가 생겼어요?"

"모르는 게 낫겠군요.", "아뇨. 당신은 당신이 누구라고 생각하는데요?"

"네. 하지만 너그럽게 봐줄 준비는 되었어요."

잘못을 시인하기가 어려울 때

지친 세계 출판사 대표자들이 밴쿠버에 모였다. 스파이스 걸스 컴백 순회공연의 리허설을 가까이에서 보기 위해서였다. 그런데 리허설이 시작되었는데도 '걸스girls'가 나오지 않았다. 그때였다. 갑자기 다섯 명이 한 떼의 황금방울새가 내려앉듯 허둥지둥 나타났다. 그들은 늦은 것에 대해 사과했다. 긴장감으로 기진맥진한 건강 상태를 설명했고, 본공연 때는 반드시 의상을 잘 챙겨 입겠다고 약속했다. 그리고 마음껏 즐기기를 바란다고 했다.

사람들의 주목을 끌려는 계획된 행동이었든 아니었든 이 방법 덕분에 걸스는 사람들을 계속 붙잡아둘 수 있었다. 스파이스 걸스는 이런 좋은 작전을 써서 기대감을 형성하고, 비록 폐가 되는 일을 일으켰지만 이를 통해 정직하다는 신뢰를 얻으며 큰 효과를 보았다. 일부러 이런 일을 꾸미라고 제안하는 것은 아니다. 내가 하고 싶은 말은 겸손보다 더 사랑스러운 것이 뭐가 있겠느냐는 것이다.

"결코 사과하지 마라. 결코 설명하지 마라. 벌어진 일에 대한 자신의 생각을." 엘리자베스 2세의 좌우명이 된 이 말이 아마 군주에게는 적용될지 모른다. 그렇지만 입을 다물고 있는 것은 무례하다. 그러느니 차라리 "죄송합니다"라고 말하는 편이 낫다.

오해 받지 않는 사과법

요즘에는 사과하는 말이 공격당하고 있다. 소설가 샌드라 하워드는 사과의 말이 무익하리만치 평가절하되었다고 주장했다. 물론 사과의 말이 종종 자기 정당화 또는 타협 거부의 발단이 되기도 한다. "미안해요. 자업자득이에요." "죄송해요. 하지만 그건 당신 생각이었어요." "죄송해요. 당신은 그렇게 느끼지만 우리는 계속 진행할 거예요." 그러나 사과의 말 자체가 잘못된 것은 아니다. 문제는 다른 것을 갖다 붙이는 것이다. '죄송합니다'를 말을 시작하는 용도로, 책임감을 두고 승강이하는 수단으로 강등시키면서 말이다.

사과는 자기 표현이라기보다 판단을 내리는 데 필요한 균형 잡힌 기술이다. '죄송합니다'는 협상의 핵심이 되기보다는 마지막 양보가 되어야 한다. 그리고 사과의 말에 자기 변명의 말을 덧붙인다면 더 비난받게 될 것이다. 이야기가 복잡하다면 무슨 일이 벌어졌다고 생각했는지 설명하고, 완전한 책임은 받아들이지 않되 내가 후회한다는 것을 보여줘라. 그리고 정말 내게 잘못이 있다면 그렇다고 말하라.

한발 양보함으로써 언쟁을 끝내야 한다. 그리고 너무 서둘러 구르면 다칠 수 있다는 사실도 명심하라.

PART

4

춤을 추듯
대화를 즐겨라

우리는 "그가 왜 전화를 받지 않을까?" 라고 묻지,
"왜 그가 전화를 받아야 할까?" 라고는 묻지 않는다.
처리해야 할 메시지가 너무 많아서
그 메시지를 소홀하게 대한다면
잘못을 저지르거나 남의 감정을 해칠 가능성은
또 얼마나 더 많아질까?

15장에서 우리는

● 정말 대화만이 최선의 방법일까? 누군가에게 연락하고자 할 때 대화보다는 전화나 이메일이 더 좋다고 생각하
  는 당신이라면 대화를 삶의 중심에 두는 법을 배울 것이다.

전화기는 잠시 꺼두셔도 좋습니다!
인생을 멋진 대화로 장식해보자

전직 슈퍼모델 크리스티 털링턴은 왜 블랙베리 스마트폰을 더 이상 쓰지 않기로 결심했을까? 결혼 생활을 지키기 위해서였다. 그런데 크리스티 털링턴 같은 괴로움을 느끼지 않은 사람이 몇이나 될까? 언젠가는 휴대전화 때문에 가족을 등한시하는 행동을 죄로 인정해 이 소통 장치를 사용하지 못하게 하는 법을 제정해야 한다.

갑자기 우리의 일상으로 쓸데없는 가능성들이 격렬하게 침입했다. 한 가지 일에서 멀어지면 그 일이 다른 일에 영향을 주어 계속해서 마음이 괴롭고, 또 어떤 일에 대해 끊임없이 결정을 해야 한다. 대부분 하찮고 사소한 일인데도 말이다. 이런 상태에서 뭔가 의도를 가지고 생각하는 일이 가능하겠는가? 그렇게 늘 굴러다니는 정신에 어떻게 이끼를 끼게 할 수 있겠는가.

작가 플로렌스 벨은 자신의 이름과 비슷한 발명품, 알렉산더 그레이엄 벨의 전화기 때문에 자신의 이름을 간단히 벨bell이라고만 쓸 수 없게 된 것을 못마땅하게 여겼다. 그녀가 위의 글을 쓴 게 1907년이었다. 한 세기가 흘러, 그녀가 반대했던 그 발명품은 현대의 사악한 전화기가 되었다. 현대에는 편리한 물건 덕분에 자유롭게 이야기할 시간이 많아졌다. 저술가 줄리 버칠은 대형 백화점을 이런 점에서 옹호했다.

'물건을 재빨리 구입하고' 바로 다음으로 나아가서 자신이 좋아하는 일(섹스, 대화, 소파나 해변에서 빈둥빈둥 하루를 보내는 일 등)을 한다는 점에서 대형 백화점 쇼핑은 권할 만하다.

과학기술이 삶을 더 변화무쌍하게 만든다는 점은 인정한다. 긍정적으로 보면 통신 기술 덕분에 관계를 맺는 데 있어 새로운 기회를 많이 얻게 되었다. 그렇지만 부정적인 측면에서 보면 우리는 더 이상 함께 있는 순간을 만들려고 별로 애쓰지 않는다.

사람들은 여러 훌륭한 통신 수단을 만들어 다른 사람들의 허튼소리를 측정한다. 그리고 허튼소리를 더욱 심하게 만들거나 새롭게 창조하기도 한다. 우리는 "그가 왜 전화를 받지 않을까?"라고 묻지, "왜 그가 전화를 받아야 할까?"라고는 묻지 않는다. 이메일에 답장이 없거나 기다리느라 시간을 낭비할 때면 확인하고 해석하고 억측을 해보면서 불평하지 않겠는가. 처리해야 할 메시지가 너무 많아 그 메시지를 소홀하게 대한다면 잘못을 저지르거나 남의 감정을 해칠 가능성은 또 얼마나 더 많아질까? 대화를 잃는다면 상황이 얼마나 더 나빠질까? 반드시 실행해야 하는 일이 있다. 다행히 많지는 않다. 이를 실행하면 작은 노력만으로도 대화를 삶의 중심으로 끌어올 수 있다. "안녕하세요"라고 말하라. 그리고 "감사합니다"라고도 말하라. 나와 관련된 모든 사람에게 말이다. 가게에서, 기다리는 줄에서, 버스에서, 고객 상담 서비스 통화에서…….

전화를 무시하라
⋮
나는 내가 잘 가는 주류 판매점의 게시판 문구에 박수를 보낸다.

휴대전화로 통화하는 고객에게는 팔지 않습니다. 그건 실례라고요!

전화를 무시하라. 전원을 꺼두는 편이 더 낫다. 자동 응답 서비스는 그럴 때 쓰라고 있는 것이다. 즉각적인 피드백을 기대하지 않게 사람들을 훈련시키자. 정해진 시간에만 이메일 등으로 처리하고 비상시가 아니면 근무 시간 외에는 동료의 전화에 응하지 마라. 외국 회사와 거래해 시차를 고려해야 한다고 해도 그들은 내 시간대를 존중해 주어야 한다. 그렇게 하지 않으면 나의 근무 시간은 하루 종일, 일주일 내내 이어질 것이며, 내게는 곧 모든 일이 비상사태가 될 것이다. 그리고 고용주에게 더욱더 가치 없는 존재가 될 것이다.

문자나 이메일이 시간을 절약해줄까

2008년의 한 조사에 따르면 영국인의 80~90%가 얼굴을 맞대고 대화할 수 있는데도 문자나 이메일을 사용한다고 한다. 문자나 이메일이 시간을 절약해 준다고 믿으면서 말이다. 하지만 정말 그럴까? 보통 직원들은 하루에 한 시간 반에서 두 시간 동안은 쓸데없는 일을 알아내려고 인터넷을 헤엄치고 다닌다. 그리고 경영자인 한 친구는 주도권을 쥔 직원들의 변덕스러운 이메일 때문에 혼란스러움이 생겨 괴로워한다. 이메일 에티켓 전문가 윌 슈발브와 데이비드 시플리조차 이렇게 말했다.

> 우리가 계획표를 분류하는 데 3주가 지났고 수많은 이메일이 교환되었다. 그리고 대답하는 데 1분이면 될 질문이 몇 시간을 잡아먹었다. 이메일의 가장 비밀스러운 특징 하나를 발견했다. 일을 진행시킨다는 느낌을 준다는 점이다. 이메일은 '실행하고 있다는 느낌'을 주기 때문에 위험하다. 아무 일도 일어나지 않을 때조차 말이다.

자판을 두드리기 전에 물어보자. 이것이 최선의 방법인가? 동료를 직접 만날 수 있다면 왜 성가시게 이메일을 쓰느라 악전고투하는가?

TIP

대화에 꼭 필요한 5가지 원칙

① **주목** : 경청할 준비를 하라. 상대방의 얼굴을 봐야 한다. 상대방의 얼굴이 언제 변화를 주어야 하는지 알려줄 것이다.

② **상상력** : 모든 발언에는 대화를 더 이끌어갈 씨앗이 들어 있다.

③ **열광** : 영감의 원천이다.

④ **초점 끌어당기기** : 상대방의 관심사로 주의를 기울여라. 머지않아 그 속에서 흥밋거리를 찾게 될 것이다.

⑤ **구성 요소** : "할 말이 있어. 뭔지 알아?"라고 퀴즈를 내기 전에 화제를 재검토하라. 주요 뉴스 하나, 평범한 뉴스 하나, 가십거리 하나.

단 일주일만 이메일과 문자메시지를 파일 전송에만 사용하고, 전화로 일정표를 짜보거나 얼굴을 맞대고 잡담을 해보자. 시간이 얼마나 많이 생기는가.

문자에는 어조가 없다
⋮

문자는 어조를 표현하는 데 약하다. 말에 많은 의미를 주는 감정의 크기도 문자로는 표현하기 힘들다. 이런 이유로 18세기에 유행했던 감정을 표현하는 활판 기술대문자 과대 광고, 구두점, 이탤릭체로 강조하기이

장난기 있는 이모티콘으로 다시 태어났다. 그러나 레디포라이프의 17세 학생 페블스는 이렇게 지적했다. "냉소적으로 눈알을 굴리는 이모티콘 같은 것을 사람마다 각기 다르게 받아들입니다." 정말 그렇다. 전화기가 있다. 당신 손에. 그러니 말했듯이 말로 하라.

대화를 우선순위로 두어라
:

예전에는 삶의 중심이 되고 편했던 일들이 이제는 귀찮게 선택해야 하거나 몹시 거북한 일로 여겨지고 있다. 사랑하는 사람들과 보내는 가장 재미있고 가치 있는 시간quality time이라는 개념1970년대에 미국에서 생겨나 1980년대의 현금 거래 문화에서 보편적으로 통용되기 시작한 개념은 우리가 따분하게 여기는 시간이 많다는 뜻을 함축하고 있다. 이 말은 마지 못해 가족과 시간을 보낼 자유를 일컫기도 한다. 마치 덜 중요한 일이나 하찮은 일에 대부분의 시간을 쓰는 것이 전혀 문제가 없다고 자기를 합리화시키듯이 말이다. 그리고 왜 아이 침실에 텔레비전이 있고, 자동차 뒷좌석에 DVD 화면이 있으며, 곰돌이 인형의 배에 컴퓨터 게임이 있어야 하는가? 이런 기계가 상호작용하도록 도와주기는 하는가?

당신의 10대 자녀는 어떤 목적을 가지고 관심을 끌려고 하는가? 그 자질구레한 일이 기쁘지 않은 것처럼 보이는가? 실은 당신에게 만족을 주는 일인데? 나는 예전엔 이런 초대에 결코 속아넘어가지 않았다. "우리 집에 놀러 와. 맥주도 준비했어. 재미있을 거야!" 그러나 이제는 다시 생각해 볼 준비가 되어 있다.

함께 시간을 보내라
⋮

대화를 나누기 위해서 누구든 일상에서 시간을 낼 수 있다. 식사 시간, 목욕 시간, 쉬는 시간, 취미 시간 등 모든 시간은 잠재적으로 나눌 수 있다. 대화를 나누려면 시간표를 조정하고 같은 공간에 있어야 한다. 방마다 따뜻하게 데우는 중앙 집중식 히터는 끄고 한곳에 모이도록 하라. 할 수 있다면 차를 놔두고 걸어 다녀라. 그다음에는 함께 쇼핑하라. 다른 사람과 걱정거리를 나누고 싶은가? 그는 텔레비전을 보고 있는데 자신은 대형 마트를 어슬렁거린다면 그에게서 가치 있는 상호작용의 기회를 빼앗는 셈이다. 스트레스를 멀리하고 긴장을 푸는 최선의 방법은 이야기를 나누는 것이다.

그리고 손님 접대를 하라. 오전 11시에 누군가를 초대하거나 함께 차를 마시자고 제안하자. 한때는 이 일이 중요한 행사였는데 요즘은 큰 준비 없이 가볍게 식사하는 일로 점점 바뀌고 있다. 그러면서 영혼의 양식인 대화를 갉아먹는다. 작가 비 윌슨이 지적한 것처럼, 차 마시는 일은 주인에게 그리고 손님에게 유익하다. 토스트 한 조각이면 될 것이다. 호들갑을 덜 떨수록, 덜 지출할수록 더 큰 재미를 줄 것이다.

"저녁 식사를 하러 우리 집에 꼭 오세요"라는 말은 우정이 어떤 단계에 이르면 당연하게 해야 할 말로 여겨진다. 그러나 식사 대신 차 마시는 시간에 사람들을 초대하면 삶이 얼마나 더 재미있어지겠는가? 차 한잔의 행복은 아무런 기대 없이 차만 마시러 오는 데 있다.

약속을 잡아라
:

일상에서 즉석 만남을 가질 수 있다면 굳이 만날 약속을 정할 필요가 있을까? 사실 즉석에서 만남을 가질 기회는 많지 않다. 여기저기 잘 어울리는 성격을 가진 사람을 우리는 괴짜로 여긴다. 그리고 많은 도시 친구들은 서로를 외지 사람처럼 바라본다. 계속 연락하는 것을 그리 절박하게 느끼지 않기 때문이다. 전화나 이메일로 연락하는 것을 당연하다고 여기지 마라. 이런 방법은 서로 직접 마주치게 하지 않으면서 동시에 서로 연락이 닿는다고 착각하게 만들 수 있다. 다이어리에 지울 수 없는 약속을 꼼꼼하게 채워 넣어라.

일단 그들과 함께 있어라. 전화기는 저만치 치워놓고.

정적이 흐르는 시간을 즐겨라
:

시간을 보내고 있다는 사실을 알아채지 못한다면 시간이 따분하게 느껴지고 경험한 일이 막연하게 느껴지게 된다. 하루 동안만 금지하자. 즉 텔레비전, 컴퓨터, 음악, 게임, 영화를 금지하고 장난감 플러그 대신 자신의 세계로 들어가는 여행자가 되는 플러그를 꽂아라. 그러면 침묵이란 없으며 너무 많은 것이 진행되고 있다는 사실을 알게 될 것이다. 무엇을 보게 될까? 누구를 만나게 될까? 아마도 대화를 나누게 될 것이다.

대화는 우리의 재산이다

수많은 소통이 언어를 초월한다. 대화의 텔레파시 즉 장벽 뒤를 보는 것, 그냥 흘러나온 말을 듣는 것이 아니라 어떤 대상에게 한 말을 듣는 것은 매우 중요하다. 우정은 아주 작은 자극으로 꽃을 피운다.

세상이 뒤흔들리지 않는다면 대화에 대한 상세한 전문지식은 사라질지도 모른다. 게다가 이렇게 되면 소통만큼이나 개선하기 힘들게 된다. 모든 기술 중에서 대화는 가장 오래되고, 가장 매력적이며, 가장 쉽고, 모두에게 자유롭기까지 하다. 물가가 치솟고 시간이 줄어들고 우주가 좁아져도 대화는 비용이 전혀 안 드는 고가의 재산이다. 대화를 보호하자. 대화를 우선순위에 두고 친구를 사귀고 만남을 즐기는 삶에서 행복을 거둬들이자. 대화를 통해 세상을 품에 안아라.

떠나야 할 때를 아는 이의 뒷모습은 아름답다

이제 그만 작별 인사를 하고 싶은가? 그런데 옆에 있는 사람은 그런 기색이 별로 안 보인다면? 출구를 향해 밀고 나가면서, 또는 시간을 끌고 있는 가운데 다른 용건이 악취처럼 덮쳐온다는 느낌은 참으로 거북하다. 그러나 대화를 끝내기 위한 점잖은 방법이 있다. 우선 이것으로 오늘 대화는 끝이라는 것을 제시해 주는 말이나 화제를 골라라.

대화를 마무리짓기 위한 말

1. 대화를 끝내는 신호를 보낼 준비를 하라.

2. '마지막으로' '결론적으로' 라는 말로 말문을 연다. 협의 사항을 넌지시 비치면 완료에 가까워졌다는 뜻이다.

3. 단, 심리학적으로 심오한 이야기에 빠져 있으면 실없는 대화로 넘어가기가 아무래도 불가능하다.

4. 상대방이 업무를 전달하려고 목록을 일일이 확인하려 한다면 이렇게 말하라. "음, 그냥 전부 괜찮은지 확인해 보고 싶었을 뿐이에요."

5. 예비 작별 인사가 진짜 작별 인사가 된다. 잠깐 동안 다른 쪽 바라보기 등이 있다.

6. 미래의 약속으로 넘기지 않으면서 현재 상황을 멈추기 위해서는 과거시제를 적절히 사용해라. "다시 만나서 정말 반가웠어요." "오늘 재미있었어요." 또는 이렇게 물어라. "다른 게 더 있나요?"

7. 주변 사람에게 도움을 청한다. 사랑하는 사람이 지루함의 나락에서 중얼거리고 있는가? 그리고 나도 피곤한가? 그렇다면 제삼자의 감정을 해치지 않도록, 사랑하는 사람이 어쩔 수 없이 가야 해서 나를 쿡쿡 찌르고 있다고 암시하면서 솔직히 말하라. "있잖아요, 우리 지금 가야 하죠?" "미안한데, 당신을 억지로 데리고 가야할까 봐요. 일찍 출발해요." "애 봐주는 사람이 갈 시간이죠?"

8. 내가 그들의 하루를 끝내려 한다고 말하는 것은 예의 바른 행동이기는 하지만 조심해야 할 일이기도 하다. 되풀이해서 말하라. 그러

면 겸손한 느낌을 줄 수 있다.정말 바쁘네요. 그렇죠? 이제 대화가 끝났다는 것을 서로가 동의한다는 뜻으로 인사말을 주고받으면 된다.

나 : 그럼?

그 : 그럼.

나 : 이제!

그 : 이제.

나 : 좋아요, 그럼!

그 : 좋아요.

나 : 안녕히 가세요.

그 : 그런데…….

'나'가 질문하듯 끝을 올리는 소리와 '그'가 억양을 내리는 소리를 들을 수 있을 것이다. 그는 비행기 이륙을 허가해 주기 전에 마지막 항목을 훑어보는 기술자와 같다."점검 완료?" 하고 한 기술자가 물으면 "점검 완료!" 하고 동료 기술자가 확인하듯이.

대화가 교묘한 이유로 지연될 때도 비슷한 대화가 오가며 나아가지는 않는다. 그런 순간이 모두 기회다. 다른 주제를 꺼내거나 현재 화제에서 빠져나갈 기회 말이다. 그냥 '그래서'라는 말이 나오기만 기다렸다가 화제를 전환시켜줄 핵심어를 제시하라. '그럼' '있죠' '이제' 같은 말이다. 그런 다음 이렇게 말하라. "정말 재미있는 대화였어요. 그런데 아쉽게도, 헤어질 시간이네요."

'왜 우리가 아직까지 이야기를 하고 있을까' 하고 의아하더라도 정말 즐거운 대화였다고 말하고 작별 인사를 해야 할 시간이다. '안녕' 이라고 말하는 것처럼 작은 일이 모여 우리의 삶을 이룬다. 살롱 도덕주의자 라 브뤼에르가 쓴 것처럼 떠나야 할 때를 아는 것은 '자만심 강한 사람들은 좀처럼 습득하지 못하는 기술' 이다. 대화의 기술처럼 공짜로 그것을 성취할 수는 없을 것이다.

초판 1쇄 | 2012년 3월 5일

지은이 | 캐서린 블라이스
옮긴이 | 김경숙

발행인 | 김우석
편집장 | 서영주
책임편집 | 한진아
편집 | 박병규 임보아 박근혜
마케팅 | 공태훈 김동현 신영병 김혜원
디자인 | Design Boom
일러스트 | 김영진
교정교열 | 중앙일보어문연구소
제작 | 김훈일 임정호
저작권 | 안수진 안선영

펴낸곳 | 중앙북스(주) www.joongangbooks.co.kr
등록 | 2007년 2월 13일 제2-4561호
주소 | (100-732) 서울시 중구 순화동 2-6번지
구입문의 | 1588-0950
내용문의 | (02)2000-6147
팩스 | (02)2000-6174

ⓒ캐서린 블라이스, 2012

ISBN 978-89-278-0315-7 03320